女ごころの発達臨床心理学

オトコは知らない、オンナは気づかない
人間関係のホンネを探る女性学

長尾 博

Nagao Hiroshi

福村出版

[JCOPY]〈出版者著作権管理機構 委託出版物〉

本書の無断複写は著作権法上での例外を除き禁じられています。複写される場合は、そのつど事前に、出版者著作権管理機構（電話 03-3513-6969、FAX 03-3513-6979、e-mail: info@jcopy.or.jp）の許諾を得てください。

はじめに

　本書は，女性の心の発達や青年期女子の心の問題の特徴と治療について関心のある方々のために刊行したものである。
　野坂昭如が，「男と女の間には深くて暗い河がある」と歌ったように，男性の筆者にとって女性心理は神秘的であり，謎を秘めている。
　筆者が，本書を執筆したきっかけは，30年近く女子大学の教員として勤務している教育経験，また40年以上にわたって心理療法の流派の多い中で男女の差を中心に理論を展開している精神分析療法を行ってきた臨床経験，および自らの家族，妻や娘とのかかわりや筆者自身の青年期をふり返り，なぜ女性にモテなかったのかについての原因の追究がもとになっている。
　このような筆者の私的な経験がもとになって執筆した本書の内容の特徴として，(1) 図や表を多く用いてビジュアル的にもわかりやすく女性の心を明らかにしている，(2) 筆者の臨床経験でのケースやパイロットスタディ，また多くの心理学者の研究結果を紹介し，女性の心の表と裏，意識レベルと無意識レベルの２面を追究している（なお，臨床ケースについてはプライバシーに配慮し，加筆・修正している），(3) 女性犯罪の代表的なものをコラムとして取りあげ，興味本位ではなく，二度とこのような犯罪が起こらないように配慮してまとめている，などがあげられる。
　本書が，男性と女性とがわかり合える人間関係，また，女性にとってよりすばらしい人生が展開できることに少しでもお役に立てたら幸いである。

2016年4月

長尾　博

目 次

はじめに ……………………………………………………………………… 3

1章　女性とは ……………………………………………………………… 8
1節　学術的視点からみた女性の特徴 …………………………………… 8
1　生物学的視点 ……………………………………………………… 8
2　社会学的視点 ……………………………………………………… 10
3　心理学的視点 ……………………………………………………… 11
2節　性差の心理学 ………………………………………………………… 13

2章　女性の発達心理学 …………………………………………………… 16
1節　乳児期（babyhood）………………………………………………… 16
2節　幼児期（infancy）…………………………………………………… 16
3節　学童期（childhood）………………………………………………… 21
4節　青年期（adolescence）……………………………………………… 22
1　思春期の特徴 ……………………………………………………… 22
2　女性性（女らしさ）の発達と性同一性障害 …………………… 23
3　母性の成熟 ………………………………………………………… 28
　　a　母性の研究 …………………………………………………… 28
　　b　女らしさと母性との関係 …………………………………… 33
4　親からの自立 ……………………………………………………… 35
5　アイデンティティの確立 ………………………………………… 38
6　対人・人間関係 …………………………………………………… 39
　　a　甘え・依存性 ………………………………………………… 39

　　　　b　恥 ·· 41
　　　　c　第二次反抗期 ·· 44
　　　　d　山あらしジレンマ ·· 46
　　　　e　攻撃性と道徳性 ·· 47
　　　　f　恋愛と性行動 ·· 50
　5節　成人期（adulthood） ·· 52
　　　1　就職 ·· 52
　　　2　結婚・離婚 ·· 53
　　　3　育児・虐待 ·· 54
　　　4　仕事と家事 ·· 58
　6節　中年期（middle age） ·· 62
　　　1　中年期の危機 ·· 62
　　　2　夫婦のコミュニケーション ·························· 63
　7節　老年期（senescence） ·· 64
　　　1　孤独 ·· 65
　　　2　介護・ケアと人生満足度 ······························ 66

3章　女性の心の臨床 ·· 69
　1節　女性の心の問題の特徴 ·· 69
　2節　摂食障害 ·· 70
　3節　うつ状態・うつ病 ·· 75
　4節　解離 ·· 80
　5節　リストカット ·· 85
　6節　過呼吸 ·· 89
　7節　性非行 ·· 92
　8節　ケースからわかる青年期女子の心 ························ 96

おわりに ……………………………………… 98

参考文献 ……………………………………… 99
人名索引 ……………………………………… 113
事項索引 ……………………………………… 116

研究テーマ一覧

① エディプス・エレクトラコンプレックスは潜在しているか …… 18
② 意識水準と無意識水準からみた女性同一性形成の発達 ………… 25
③ 意識水準と無意識水準からみた母性の発達 ……………………… 30
④ 親からの自立についての発達 ……………………………………… 35
⑤ 依存性と甘えの発達 ………………………………………………… 40
⑥ 羞恥心の性差と学年差 ……………………………………………… 42
⑦ 思春期の第二次反抗期と自我の強さとの関係 …………………… 44
⑧ 山あらしジレンマの性差と学年差 ………………………………… 46
⑨ 攻撃性と怒りの性差と学年差 ……………………………………… 48
⑩ 母親イメージと育児不安の強さ …………………………………… 56
⑪ ペニス羨望と成人女性の2つの生き方との関連 ………………… 59
⑫ 青年期女子の対人関係の変化 ……………………………………… 67
⑬ 女子はなぜやせたいのか …………………………………………… 73
⑭ 女子はグループからはぐれるとうつ状態になりやすいか ……… 79
⑮ 親からの自立の葛藤が解離を生じさせるか ……………………… 83
⑯ リストカットは癖になるのか ……………………………………… 88
⑰ 目立ちたい女子は過呼吸を示すか ………………………………… 91

コラム「女性の犯罪」一覧

① 疎外からの恨み，そして攻撃 …………………………………… 20
② だますつもりがだまされ ―男を手玉にとる― …………… 34
③ 嫉妬心が破壊をまねく …………………………………………… 37
④ 母であることを捨て，女を選んだ悲劇 ……………………… 51
⑤ 男の淋しさにつけこんで ………………………………………… 57
⑥ 女王蜂の毒針 ……………………………………………………… 68
⑦ 家の主は鬼畜 ……………………………………………………… 84

1章 女性とは

1節 学術的視点からみた女性の特徴

1 生物学的視点

　動物行動学や進化生物学などの生物学では，男性（雄）とは，精子をつくる生物，女性（雌）とは，卵子をつくる生物であると定義される。とくに，ほ乳類の男性（雄）は，性染色体はXYであり，女性（雌）はXXである。

　しかし，胎児の初期では男女は未分化であり，図1 - 1に示すようにアカ毛ザルの場合，妊娠前期（40～60日目）と妊娠後期（115～139日目）にそれぞれXY染色体とXX染色体は，男性ホルモン（テストステロン）にさらされて，男性のペニスと女性の膣が形成されるといわれている（Wallen, 2005）。ヒトの場合においても図1 - 1に示すように妊娠前期と妊娠後期のある特定の時期に男性ホルモンの働きによって性分化が生じる臨界期（critical period）があるととらえられている（新井，1999）。

　ヒトの場合，出産直後から行動の性差は明らかであり，それはコネランら（Connellan et al., 2001）による乳児の関心事の実験から証明されている。つまり，男児は，器械的なものに興味を示し，女児は，ヒトに興味を示すという違いがみられる。

　このようにヒトは，胎児期において男性ホルモンの働きによって外性器（ペニスと膣）が形成され，出生し，自ら男性か女性かの性の自認や性差の他者認知によって性差を明らかにし，その後，その社会における男らし

さ (masculinity) や女らしさ (femininity) の性役割 (gender role) を身につけていくのである。

性同一性障害 (gender identity disorders) が，なぜ形成されるのかについては，まだ明らかにされていないが，胎児期における男性ホルモンの分泌異常による外性器形成不全（身体の性分化の問題）や出生後の性役割形成不全（心の性分化の問題）から生じているといわれている（新井，1997）。

生物学的な性差の視点として，ホルモンの影響以外に脳の解剖学的な性差があり，女性のほうが男性よりも脳は100g程度重く（新井，1999），左脳と右脳とをつなぐ脳梁と呼ばれる部分は，女性のほうが男性よりも厚いことが明らかにされている (de Lacoste-Utamsing & Holloway, 1982)。しかし，知能の程度に性差はないといわれている（木村，1999）。

右脳は，直感的，芸術的な面を司り，左脳は，論理的，分析的な面を司るといわれており，一般に女性は右脳の働きが，男性は左脳の働きが優れているといわれているが，このことの科学的な確証はない (Hellige, 1990)。しかし，ヒトは太古から男性は外で狩猟を，女性は家で育児を行

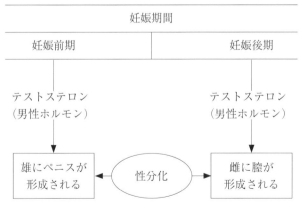

図1－1　アカゲザルの胎児期の性分化 (Wallen, 2005)

っていたことから，男性は空間認知能力が（木村，2002），女性は乳児の変化をみる共感能力が（Lawson et al., 2004）優れているといわれている。

2　社会学的視点

　最初に社会学的な視点から，男性と女性との相違についてふれたのは社会学者のジンメル（Simmel, 1911）であるといわれている。社会学では，古代より女性が男性によって差別され，蔑視されたことを強調している。たとえば，宗教に関してキリスト教では聖書にイブがアダムを誘惑したことが書かれていること，イスラム教では，男性1人は女性2人に値すること，また，儒教では男性が多くの妾をもつ家族主義を奨励し，仏教では「女人五障説」において女性は仏になれないことを説いていることを取りあげている。また，わが国においては，女性は不浄であるとして相撲の土俵やお宮，トンネルに入ることを禁止する習わしがあることを取りあげたり，中世ヨーロッパにおいて，女性が長い間「魔女狩り」を受けてきた残酷さについてふれている。社会学においてこのように女性差別を強調するきっかけは多くあるが，とくにフリーダン（Friedan, 1963）の『女らしさの神話』やバダンテール（Badinter, 1980）の『母性という神話』などの書籍の刊行，および1799年にフランスにおいて「アヴェロンの野生児」といわれる男児が発見され，その成長過程で性欲がみられなかったことやアメリカのマネーとハンプソン（Money & Hampson, 1970）が，半陰陽（生物学的な性と出生後に身につけた性とがくい違った人たち）のケースを例にして，男らしさや女らしさは生物学的な性に規定されない点をあげたことがある。

　政治的，社会的に男女平等を説く女権拡張運動をフェミニズム（feminism）という。このフェミニズムの歴史は古く，19〜20世紀中期にかけてヨーロッパで生じたといわれており，これを第Ⅰ期として，グージュ（Gouge, O, de, M.）やミル（Mill, S.M.）らが女性の参政権や教育権，

売春禁止法を説いた。1960年代からの第Ⅱ期では,「男は仕事,女は家庭」という性役割分業の変革が唱えられ,それは既述したフリーダンの『女らしさの神話』の影響が強い。わが国では,いわゆる「ウーマンリブ」という語が流行した時期でもある。その後,1980年以後から現在までを第Ⅲ期とし,とくに職場や家庭での男女共同・共存が強調され,論議されている。

　このフェミニズムの思想にも(1) 第Ⅱ期にみられる自由主義,(2) ミレット(Millet, K.)らの「家父長制」の批判を強調するラディカルフェミニズム,(3) 再生産としての育児労働,家事労働,介護労働を取りあげるマルクス主義フェミニズム,(4) ホーナイ(Horney, K.)に代表されるフロイト(Freud, S.)の精神分析(psychoanalysis)理論でのエディプスコンプレックス(oedipus complex)を批判する精神分析派フェミニズム,(5) クリステヴァ(Kristeva, J.)やイリガライ(Irigaray, L.)に代表される言語構造,宗教秩序に潜む男性中心主義を批判するポストモダンフェミニズムがある。

　しかし,どの思想にも(1) 女性の性的欲望の疎外を問題とするセクシャリティ(sexuality)論,(2) 女性の再生産能力の抑圧を問う再生産(reproduction)論,そして(3) 男女差は,生物学的性別(sex)とは必ずしも一致せず,歴史的,社会的に形成されてきたというジェンダー(gender)論の3点の共通の視点がある。

　ジェンダーという語は,ラテン語の「分類」という意味の語に起源がある。今日の社会学ではジェンダー論が中心であり,ジェンダー論は,性別や性差についての英知を深めることをねらいとしている。

3　心理学的視点

　心理学的視点から性差をみていく場合,1対1の対人関係(interpersonal relation),あるいは3人以上の人間関係(human relations)での特徴の差があげられる。とくに男性の場合は,「自己優先」,つまり他者よりも自

己を優先し，人間関係において支配性や権力を示したいという特徴が強く，女性の場合は，「他者依拠」，つまり他者への愛情欲求や依存性，自己顕示性が強いという特徴があげられる（Carlson & Levy, 1968, Baron-Cohen, 2003）。

とくに精神分析療法の創始者フロイト（Freud, 1905）は，女性の無意識世界には男性に対してペニス羨望（penis envy）があるといい，この羨望には，(1) 母親がペニスをつくってくれなかったことへの憎しみ，(2) ペニスの代わりに子ども，贈り物，人形，宝石を所有したいという願望，(3) 男性への競争心という特徴があるといった。これに対して，ホーナイ（Horney, 1939）は，むしろ男性のほうが母親と同一化したい願望や妻への罪悪感，母親から笑われる劣等感，厳しい母親からの逃避などのコンプレックスがあることを指摘した。

また，フロイトの弟子のユング（Jung, 1959）は，無意識世界に誰もが普遍的にもつ女性性のアニマ（anima）や男性性のアニムス（animus）をあげ，フェミニズムと対極する内的世界の超然性を主張したが，フロイト（Freud, 1925）は，「解剖学的性差は宿命的だが，性差は，社会的に心理学的に形成され，女性は社会的存在である」と述べ，男女平等主義的見解を示している。

フェミニズムの実践的課題を運動的に前面に押し出す社会学的アプローチと比較して，心理学では無意識世界にもふれるために複雑な点が多い。とくに第二次性徴が始まる思春期（puberty）から成人になっていく青年期（adolescence）の間の女性は，身体の変化，社会・他者への認知，自己の確立という生物学的，心理学的，社会学的な課題が課せられて，よりその心理は複雑である。

このような青年期女子の複雑な心理を明らかにしていく前提として，無意識世界についてはふれない来談者中心療法（clientcentered therapy）のロジャーズ（Rogers, 1980）は，健全な恋愛関係を維持する条件として，

(1) 相手に尽くそうという気持ち，(2) 十分に意思をかよわせること，(3) 男女の役割を固定しないこと，(4) それぞれが主体性を確立することをあげている。筆者は，この4条件は，女性についての心理学的視点を論じるための命題であるととらえている。

2節　性差の心理学

　心理学では，男性と女性との性差が心理的側面のどこにあるかを追究する性差の心理学部門がある。なぜ，性差を研究するのかについての動機は表1－1の通りである。

　表1－1から，既述した生物学的視点やフェミニズム的視点から，性差を明らかにしていこうとする動機や，ヒトの行動予測をみていくために性差を明らかにしていこうとしていることがわかる。

　今日まで多くの心理学的な各特性や能力についての性差が明らかにされている。それらをまとめたものが表1－2である。この表から，多くの特性や能力に性差があることがわかる。

　しかし，ハイド（Hyde, 2005）は，表1－2の特性・能力の8, 13, 14, 15を除いたすべての特性・能力に関して，メタ分析（metaanalysis）を用いて性差を検討したところ，その効果サイズ（effect size）からほと

表1－1　性差を研究する動機（Caplan & Caplan, 1994）

(1) 生物学的要因と行動の関係を理解するため
(2) 社会的要因が性差を引き起こすのかを検証するため
(3) 性差を予測する行動理論を検証するため
(4) 雇用状況にみられる差異を正当化するため
(5) 性別による不平等をなくすような介入方法をつくり出すため
(6) 性差の研究者としてのアイデンティティを確立するため

んど性差がないことを明らかにしている。

今日の心理学では，マッコビィとジャックリン（Maccoby & Jacklin, 1974）の研究結果のように性差があるという立場をとるか，あるいはハイド（Hyde, 2005）のメタ分析の研究結果のように性差はないという立場をとるかについては，その評価が分かれている。

李（1990）による大学生を対象とした「生」「死」「ことば」「身体」「自

表1－2 心理学的分野で明らかにされた性差

	特性・能力	性差	研究者
1	数学	男性＞女性	Maccoby & Jacklin（1974） Benbow & Stanley（1980）
2	空間能力	男性＞女性	Maccoby & Jacklin（1974） 老人の場合：【女性＞男性　東・小倉（1982）】
3	言語力	女性＞男性	Maccoby & Jacklin（1974） Kinsbourne & Caplan（1979）
4	依存性	女性＞男性	Goldberg & Lewis（1969） Wine et al.（1980）
5	道徳性	男性＞女性	Kohlberg（1964）
6	主張性	男性＞女性	Galassi et al.（1974）
7	攻撃性	男性＞女性	Maccoby & Jacklin（1974） Caplan（1979）
8	関係性攻撃	女性＞男性	Dickinson（2007）
9	恐怖心	女性＞男性	Widom（1984）
10	性的マゾヒズム	女性＞男性	Donnelly & Fraser（1998）
11	共感性	女性＞男性	Hoffman（1975） 石川ら（2002）
12	情緒不安定	女性＞男性	Sterling（1992）
13	性役割受容	男性＞女性	伊藤（1980） 小出（1993）
14	性役割平等主義	女性＞男性	小出（1998）
15	人生満足度	男性＞女性	Pinquart & Soerensen（2000） Medly（1980）

注：＞の意味は，男性＞女性では男性のほうがその特性・能力が強いこと，女性＞男性では女性のほうがその特性・能力が強いことを示す

己」についてのイメージに関する研究では,性差が示されており,女性は,男性よりも「生」イメージは肯定的であり,また,「自己」イメージと「生」イメージとの関連が強いことが示されている。このことから筆者は,女性は,生き続けたいという生命力願望が強く,それは子どもを産み,種を保存する本能から生じているととらえている。このことを母性本能（maternal instinct）ということがあるが,そもそも母性（motherhood）自体の定義も難しい。そのため,本書では,女性心理として母性を重視することから表1－3に示すように母性を定義した。

しかし,母性を論じる場合には,表1－3に示す母性神話について留意する必要がある。また,ユング（Jung, 1913）は,母性の特徴として,(1) ヒトや子どもを守り育てること,(2) 熱狂的情動,(3) 暗黙のヒトや子どもをのみこむ力の3点をあげている。母性を論じる場合には,この3点の程度の問題に視点を合わせて論じるべきである。

表1－3 母性の定義と母性神話

| 定義 | 母性とは,命を生み,はぐくみ,小さくて弱い子どもを慈しみ守る特性である |

母性神話（Caplan, 2000）
(1) 良き母親の指標は完璧な子どもである
(2) 母親は無限に愛情を注いで子どもを育てる
(3) 母親ならば当然,子育ての仕方を知っている
(4) 母親は怒らない
(5) 母親は父親より劣っている
(6) 母親は子どもへの教育のために専門家の助言が必要である
(7) 母親は情緒の面で底知れぬ欲求を抱えている
(8) 母親が思春期や成人となった子どもと非常に親密ならば病的である
(9) 母親の影響力が強い場合には危険である
(10) 専業主婦も働いている母親も母親としてふさわしくない

2章　女性の発達心理学

　世界の平均寿命のうちで，わが国の女性の平均寿命は86.39歳と最も長い（厚生労働省，2010a）。出生し，老いて亡くなっていくまでの長い人生における女性の心の発達はどのようなものであろうか。本章では，心理学における代表的な研究論文の結果や筆者によるパイロットスタディの結果をもとに乳児期から老年期まで，とくに青年期の女性の心の発達の様相を概説した。

1節　乳児期（babyhood）

　1章の1節1項・生物学的視点で述べたように，ヒトは出生後，性染色体と性器の違いによって性差を示す。乳児期の男児と女児との行動的差異は，1歳頃に認められ（Maccoby & Jacklin, 1974），生後15〜18ヵ月にかけては，性器いじりがみられる（Whitfield, 1989）。また，3歳児ではその3分の2が自己の性別を認知しており，4歳までにはほぼ完全に認知できるようになるといわれている（Money & Ehrhandt, 1972, Rabbon, 1950）。なお，他者についての性の識別は，自己よりも遅れて獲得するといわれている（Thompson & Bentler, 1973）。

2節　幼児期（infancy）

　幼児期とは，一般に3〜6歳頃までをいう。とくに精神分析領域では，この時期の同性の親との関係を重視している。フロイト（Freud, 1905）

は，この時期の男児の無意識世界にある心理を図2－1のⓐに示すような父親へのエディプスコンプレックス（oedipus complex）と名づけ，また，ユング（Jung, 1913）は，図2－1のⓑに示すような女児の母親への無意識世界にある心理をエレクトラコンプレックス（electra complex）と名づけた。

また，フロイト（Freud, 1905）は，この時期の女児は既述したペニス羨望が生じやすいことをあげたほか，エディプスコンプレックスは，次の学童期では潜伏し，青年期に再び発現してくると説いた。

そこで，筆者は，現代青年においてエディプスコンプレックスやエレクトラコンプレックスは，どの程度心の中に潜在しているのかを明らかにしてみることにした。

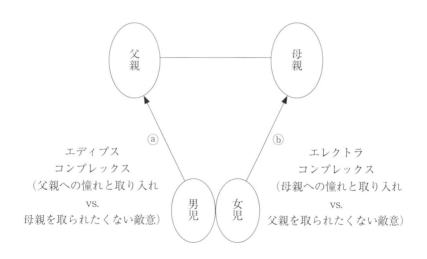

図2－1　エディプス・エレクトラコンプレックス
注：「エディプス」「エレクトラ」の名称は，ギリシア神話の物語に由来する

研究 1

テーマ
エディプス・エレクトラコンプレックスは潜在しているか

目的
健常中学・高校生を対象に物語記述テストを用いて「エディプスコンプレックス」あるいは「エレクトラコンプレックス」が心に潜在している青年の割合を明らかにする。

方法
フリードマン（Friedman, 1952）が作成したエディプスコンプレックスを測定するための刺激絵画を見せて（図2-2），自由に物語を連想して書いてもらった。女子の場合は，図2-2のように男児を女児に変えて提示した。その評定は，書かれた物語内容を大学生2名が評定し，その平均値を評定値とした。その評定方法は，明らかに親子関係上の葛藤が書かれている場合を3点，男児（女児）のイメージが否定的に書かれている場合を2点，親子関係上の葛藤がなく，男児

図2-2 物語記述テストで用いた絵（Friedman, 1952）

(女児) イメージが否定的ではない場合を1点として得点化した。

調査対象と調査時期
健常中学生（男子45名／女子49名）と健常高校生（男子52名／女子53名）を対象とし，1996年6月に実施した。

結果と考察
学年別と性別に評定値が3点であった青年の回答率をまとめた（図2-3）。「エディプスコンプレックス」は，中学2年生男子に潜在しており，その割合は10名中3名程度であり，高校生男子の場合，学年間に差はなく，10名中2名程度の割合で潜在していることがわかった。一方「エレクトラコンプレックス」は，中学3年生女子と高校2年生女子に潜在しており，その割合は10名中2名程度の低いものであることがわかった。

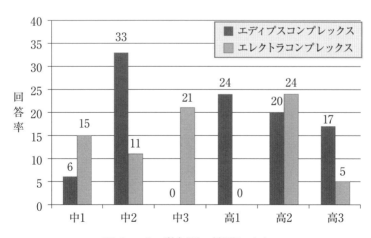

図2-3 学年別・性別にみた
エディプス・エレクトラコンプレックスの潜在率（％）

男子の「エディプスコンプレックス」が中学2年生時に潜在していることは，発達心理学でいう第二次反抗期と重なっており，この時期，父親や父親的な男性に強い反抗や敵対心を意識的に示すことから，潜在しているというよりも，むしろ顕在化しやすい時期であるととらえられる。また，女子の「エレクトラコンプレックス」が中学3年生と高校2年生に潜在していることは，女性としての性同一性（gender identity）の葛藤が生じやすく，この時期は，母親との同一化やその葛藤が高まる時期であるからととらえられる。

この結果から，「エディプスコンプレックス」も「エレクトラコンプレックス」もフロイトの時代とは異なり，現代の青年の場合，これらのコンプレックスを心に潜めた割合は低いことが明らかにされた。

コラム 「女性の犯罪」①
疎外から恨み，そして攻撃

1998年（平成10年）7月に和歌山で起きた「毒入りカレー事件」はまだ記憶に新しい。自治会の夏祭りに集まった市民が毒入りカレーを食べ，4名も亡くなっている。当時，30歳代の容疑者Aは，カレーを料理していた町内のひとりである。彼女の夫はヒ素を使った保険金詐欺で逮捕されたこともあり，カレーにヒ素が混入されていたことからAが容疑者となった。

A夫婦は，日頃より金まわりのよい派手な生活をしており，地域住民との交流は乏しく，カレー料理中には住民との口論があった。疎外感をもち，それが恨みを生み，無差別殺人としてヒ素をカレーに混入したととらえられている。

Aの生い立ちをみると，幼い頃より勝気で時にキレることもあったという。Aは，現在も犯行を否認している。女性にとって地域住民と交流をもち，仲よくしていくことが大切であり，また，どのような夫かがその女性の人生を左右するとも考えられる。

3節　学童期（childhood）

　一般に学童期とは，小学校時のことをいう。7歳頃になると性器の違いから性差を区別するとともに，子どもの認知機能の発達レベルに即して性的恒常性（gender constancy）が形成される（Marcus & Overton, 1973）。7歳頃の女児は，子どもがどのようにしてできるかについての知識をすでに獲得しているという（Bernstein & Cowan, 1975）。また，8～9歳頃から，行動や遊びの選択などの性差は次第に強くなっていく（Kagan, 1964, Kohlberg, 1966）。

　フロイト（Freud, 1905）は，学童期を性衝動や性的興味が生じにくい潜伏期（latency period）ととらえたが，フォードとビーチ（Ford & Beach, 1951）やバーニック（Bernick, 1965）の研究から，学童期は年齢とともにむしろ性的関心は高まり，異性に興味を示しやすいという。ハーロック（Hurlock, 1949）の異性愛の発達論よれば，前思春期（pre adolescence）の小学5～6年生時を性的拮抗期（gender antagonism）として，男女は互いに反発しあって，同性同士のグループを強固にしやすい特徴をあげている。

　また，ボロニーニら（Bolognini et al., 1989）は，前思春期の心理的健康度は女児のほうが男児よりも20歳頃まで続きやすいことをあげ，ドイチェ（Deutsch, 1944）は，依存することなく自立した前思春期を過ごした女児は，青年期以後も退行（regression）することもなく自立した人生を過ごしやすいという知見をあげている。

4節 青年期 (adolescence)

　一般に青年期とは,思春期である第二次性徴から始まり,心が成熟し大人になっていくまでの時期のことをいう。

　青年期は,人生における大きな転換期であり,女性にとっては身体の変化,女性らしさの形成,母性の成熟,親からの自立,社会でのアイデンティティの確立,また対人・人間関係上の発達など多くの課題がある。以下に青年期における各特性の発達についてふれたい。

1　思春期の特徴

　思春期とは,第二次性徴が始まる時期のことをいう。第二次性徴による身体的変化に対する心理的とらえ方は,男子よりも女子のほうが心理的受容は容易ではないことが示されている(斉藤,1985)。また,この身体的変化に対して身体的満足度の度合いが,後に続く女性同一性(female gender identity)形成に大きく影響を及ぼすことが明らかにされている(斉藤,1995,青木,1991)。

　また,この思春期の身体変化による身体満足度は,その満足度が乏しい場合には,中学生女子ではうつ状態が生じやすく(向井,1996,上長,2007a),また,摂食障害(eating disorders)をまねくこともある(上長,2007b)。一方,身体満足度が高い場合には,大学生女子では異性への交流が激しくなるといわれている(清水,1979,柴田・野辺地,1991)。

　このように思春期の女子は,身体の変化が心の変化をまねきやすい。宮沢(1988)による中学生女子を対象とした自己受容(self acceptance)に関する3年間の縦断的研究では,「自己理解」は学年とともに上昇し,「自己価値」「自己信頼」は大きな変化はないが,「自己承認」は2年生時に一旦下がるが3年生時に再び上昇するという結果が示されている。この結果

は，長尾（2005）の青年期の自我発達上の危機状態（ego developmetal crisis state）に関する研究で，中学2年生女子が最も危機状態が強いという結果と照合できるものである。

2 女性性（女らしさ）の発達と性同一性障害

「女らしさ」とは何かについての定義をすること自体，容易ではない。しかし，この社会に「女らしさ」という暗黙のイメージがあることは間違いない。社会において女性が，「女らしさ」を確立することを女性同一性（female gender identity）の確立という。

女性同一性は，どのようにして確立されるかについての理論は，(1) 既述したように幼児期において同性の親からの取り入れ（同一視 identification）によるもの（発達的同一視理論）（Freud, 1927），(2) 幼児期以後，対人関係・人間関係における性役割の学習によるもの（社会的学習理論）（Mischel, 1966），(3) 子どもの積極的な男らしさ，女らしさの関心や知識，学習意欲によるもの（認知発達理論）（Kohlberg, 1966）の3つに大別される。

これらの理論によると女性同一性は，まず，(1) 自らの性を受容し，(2) 親の影響による性役割の同一視が果たされ，(3) その後，友人，恋愛対象，社会的情報の影響を受けて確立されると理解される。

では，男らしさや女らしさの一般的な内容はどのようなものであろうか。その最も著名な内容として表2-1に示すベム（Bem, 1974）による尺度項目内容がある。

ベム（Bem, 1974）は，男らしさや女らしさの他に，心理的両性具有（psychological androgyny）という男らしさと女らしさを同程度有する特性をあげている。この両性具有タイプの者は，自己実現度（self actualization）が高いこと（遠藤・橋本，1998）や適応度（adjustment）が高いこと（Bem, 1977）が明らかにされている。

男らしさや女らしさの内容は，時代や文化の影響を受け，流動し変化していく。たとえば，人気スターをもとにした男らしさや女らしさの基準は，時とともに三船敏郎・吉永小百合→郷ひろみ・松田聖子→嵐・AKB48へと変化し，次第に基準のボーダーレスと内容の退行化が進んでいるように思われる。

表2－1　男らしさ，女らしさの尺度項目内容（Bem, 1974）

男らしさ尺度内容	女らしさ尺度内容
・自分の判断や能力を信じている	・従順な
・自分の信念を曲げない	・明るい
・独立心がある	・はにかみやの
・スポーツマンタイプの	・情愛細やかな
・自己主張的な	・おだてにのる
・個性が強い	・忠実な
・自分の意見を押し通す力がある	・同情的な
・分析的な	・困っている人への思いやりがある
・リーダーとしての能力を備えている	・人の気持ちを汲んで理解する
・危険を犯すことをいとわない	・あわれみ深い
・意思決定がすみやかにできる	・傷ついた心をすすんで慰める
・人に頼らないで生きていけると思っている	・話し方が優しくておだやかな
・支配的な	・心が暖かい
・はっきりした態度がとれる	・優しい
・積極的な	・だまされやすい
・リーダーとして行動する	・子どものように純真な
・個人主義的な	・言葉使いのていねいな
・競争心のある	・子ども好きな
・野心的な	・温和な

青年期における女子の中学，高校，大学の学年変化にともなった女性同一性の発達変化について，伊藤・秋津（1983）による中学生から成人にかけての多くの男・女を対象とした性同一性の変化の研究結果では，女子の場合，高校生時において女性同一性形成の葛藤が最も高まることが示され，また，山口（1985）による中学，高校，大学生を対象とした研究結果においても，女子の場合，中学生時から高校生時にかけての時期が最も女性同一性の葛藤が高まることが示されている。

　これら伊藤・秋津（1983）や山口（1985）の研究は，約30年前の研究である。女性同一性の形成は，約30年を経ても同様な経過をたどるのであろうか。このような問題提起から筆者は，最近の青年期女子に対して意識水準と無意識水準の両側面から女性同一性の発達を明らかにしてみることにした。

テーマ
意識水準と無意識水準からみた女性同一性形成の発達

目的
健常中学・高校・大学生を対象に心理テストを用いて女性同一性の発達を意識水準と無意識水準の両面から明らかにする。

方法
意識水準の女性同一性形成の程度については，図2−4の左に示す伊藤（1978）の女性役割尺度を用いて0点から6点までの7件法で評価し，無意識水準の女性同一性形成の程度については，図2−4の右に示すホワイティング（Whiting, 1965）のfigure preferenceテストを用いた。このテストは，図2−4でFと記したほうを好んだ場合を無意識水準の女性性があるととらえるようになっている。

女性役割尺度の形容詞（伊藤，1978）　　無意識水準の女性性テスト
1.　かわいい　　　　　　　　　　　　（Whiting，1965）
2.　優雅な
3.　色気のある
4.　献身的な
5.　愛きょうのある
6.　言葉使いのていねいな
7.　繊細な
8.　従順な
9.　静かな
10.　おしゃれな

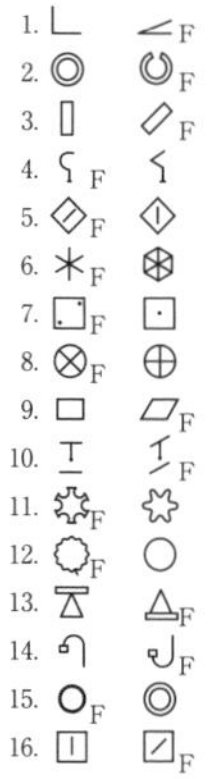

図2－4　研究②で用いた心理テスト

調査対象と調査時期

健常中学生女子99名，高校生女子114名，大学生女子104名を対象とし，2012年7月に実地した。

結果と考察

図2－5に意識水準と無意識水準の女性同一性得点の学年別平均値を示した。意識水準では，学年差はみられず（$F(1.317)=0.38\ n.s.$），無意識水準では，高校生時に一時，女性性が高まる有意な傾向がみられた（$F(1.317)=2.93,\ P<.10$）。

これらの結果から，30年前の青年期女子と比較して，現代の青年期女子は，女性同一性の発達は未熟であることがとらえられた。

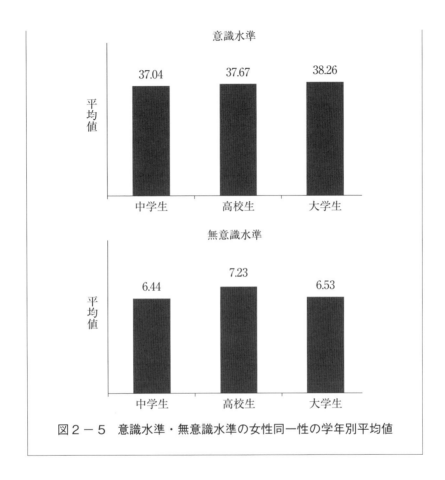

図2−5 意識水準・無意識水準の女性同一性の学年別平均値

　ここで性同一性障害（gender identity disorders）についてふれてみたい。性同一性障害とは，出生時に割り当てられた性別に対して持続的に違和感を抱き，それとは異なる性別への帰属を示すことで社会的機能が低下する状態を指す精神疾患名である。このなかにマネーとエールハルト（Money & Ehrhardt, 1972）のいう半陰陽のケースもふくまれる。性同一性障害についての研究は，アメリカでは多くされているが，わが国では

その研究は少ない。
　佐々木（2007）は，134名の性同一性障害当事者に調査を行っている。この研究では，FTM（乳房を切除し，男性となった者）は，男性同一性の確立はほぼ果たされているが，MTF（ペニスを切除し，女性となった者）は，女性同一性の確立は不全であるという結果が示されている。
　一方，同性愛者（homosexual）の全人口での割合は，3％前後といわれており，同性愛をアメリカ精神医学会では1973年に疾患から除外し，WHOもICD-10で1992年より同性愛は治療の対象とはならないという見解を示している。小出（1998）による同性愛傾向をみる心理テストの結果では，女性のほうが男性よりも同性愛傾向が強いことが示されている。
　わが国において女性同性愛者についての研究は少なく，そのなかで梶谷（2008）は，同性愛もしくは両性愛であると自覚する女性8名に対して面接を行っている。その結果，(1) ウェインバーグ（Weinberg, 1972）のいう同性愛嫌悪（homophobia），(2) 一生，ひとりで生きていく覚悟，(3) 異性愛者的役割葛藤（日高, 2000）の3点の特徴が明らかにされている。
　上記の佐々木（2007）論文と梶谷（2008）論文の結果から，わが国において，女性として社会に適応していくことの難しさが示唆され，性同一性障害の者も同性愛者も支えてくれる対象，自己を表現できる対象の必要性がとらえられる。

3　母性の成熟
a　母性の研究
　女性心理をとらえていく場合，前項の「女らしさ」の程度，つまり女性同一性の確立の程度とともに1章の表1-3に示した母性の成熟の程度をみていくことも重要であると思われる。
　母性については，女性の本能として先天的に備わった特徴であるという

とらえ方と，父権的社会が表1-3に示した「母性神話」としてつくり出したものであるというとらえ方とがある。前者のとらえ方は，12～13世紀のキリスト教での「聖母信仰」やボウルビィ（Bowlby, 1951）のmaternal deprivation（母性剥奪）論から端を発し，後者のとらえ方は，チョドロウ（Chodorow, 1978）やバダンテール（Badinter, 1980）による書籍の刊行によるところが大きい。

　大日向（2001）は，わが国には，社会文化的通念として存在する伝統的性役割観にもとづいた母性役割を信じ，それに従って育児を実践する傾向があることを唱え，この傾向を「母性信仰」といっている。筆者は，母性についてはウィニコット（Winnicott, 1958）のいうように，わざとらしさのない自然さと，ほどよい程度（good enough）の子どもへの愛情が最も重要であるととらえている。

　母性に関した研究論文は少なく，なかでも母親の母性意識の強さが子どもの教育面で否定的につながることに関する研究が多い。青木ら（1986）は，母性意識は，就労している母親よりも専業主婦の場合で，その意識が強すぎると子どもに否定的に作用し，とくに第二次反抗期（the second negativistic phase）の子どもへ否定的に作用しやすいこと，また，母性意識が乏しい母親は，自尊感情（self-esteem）が低く，日常生活上の不満が多いことを明らかにしている。また，江上（2005）は，「母性信仰」の強い母親は，子どもの発達が良い場合には感情的に子どもへ良い効果をまねくが，子どもの発達が十分ではない場合には怒りなどを子どもへ向けやすい点を明らかにしている。

　青年期における女子の中学，高校，大学の学年変化にともなった母性の発達変化はどのようなものであろうか。筆者は，この点について意識水準と無意識水準の両側面からその発達を明らかにしてみることにした。

テーマ
意識水準と無意識水準からみた母性の発達

目的

健常中学・高校・大学生女子を対象に心理テストを用いて母性の発達を意識水準と無意識水準の両面から明らかにする。

方法

意識水準の母性の程度については，図2－6の上に示す江上（2005）の母性愛信奉尺度を用いて1点から4点までの4件法で評価し，無意識水準の母性の程度については，リチャードら（Richarde & Gardner, 1971）の見解をもとに図2－6の下に示すようなTATのカード（7GF, 13B, 2）の3枚をそれぞれ見せて物語をつくってもらい，その内容で「母親」という語や「母親への愛」という語が書かれ，その関係が書かれている場合を3点，父親など母親以外の人物名やその関係が書かれている場合を2点，それ以外の内容の場合を1点として得点化し，得点が高い場合を無意識水準の母性があるととらえるようにした。

母性愛信奉尺度（江上，2005）

1. 母親であれば育児に専念するのが第一である
2. 育児は女性に向いている仕事であるから女性がするのが当然である
3. わが子のためなら自分を犠牲にできるのが母親である
4. 子どものためならどんなことでもするつもりでいるのが母親である
5. 子どもを産む母親だからこそ子育てには何にもさしおいて母親

が行うべきである
6. 　子どものためならたいていのことはがまんできるのが母親である
7. 　何といっても子どもには産みの母親が一番良い
8. 　育児に専念したいのが女性のホンネである
9. 　母親の愛情ほど偉大で気高く無条件なものはない
10. 　母親になることが女性にとって存在のあかしとみなされる
11. 　子どもを産んで育てるのは社会に対する女性のつとめである
12. 　子どもが小さいうちは母親は家庭にいて，子どものそばにいるべきである

TAT カード（13B）

図2－6　研究③で用いた尺度とTAT カード

調査対象と調査時期

研究②と同様の対象と調査時期。

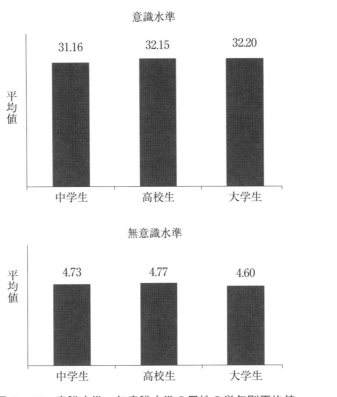

図2-7 意識水準・無意識水準の母性の学年別平均値

結果と考察

図2-7に意識水準と無意識水準の母性得点の学年別平均値を示した。意識水準でも（$F(1.317)=0.66$, $n.s.$）無意識水準でも（$F(1.317)=0.65$, $n.s.$）学年差はみられなかった。

これらの結果から，中学，高校，大学生時という青年期においては母性の大きな発達はみられないことがとらえられた。

b　女らしさと母性との関係

　日本人の深層心理を知るうえで，精神分析医の古澤（1954）は，阿闍世コンプレックスを提唱している。阿闍世コンプレックスとは，インドの古い物語に由来するものである。母親の不倫によって出生したアジャセが，その恨みから自らの父親を殺害し，母親をも殺害しようとしたが母親は助かる。その後，アジャセが病を患うと母親は献身的に看病し，その甲斐あってアジャセは回復。すると，アジャセの胸に母親に恨みを抱いたことへの罪悪感が生まれるという物語である。つまり，日本人のもつ母子一体感の願望とその罪悪感のことである。この物語の中では，アジャセの母親の生き方，つまり「女らしさ」を求めて生きるために生じた不倫という行為と，アジャセを献身的に看病する「母性」の2つの側面が理解できる。

　「女らしさ」の発達と「母性」の発達はどのように関連しているのであろうか。上記の研究②と研究③の意識水準・無意識水準の「女性同一性」

表2－2　意識水準と無意識水準での「女性同一性」と「母性」との相関係数

中学生 $N=99$			高校生 $N=114$			大学生 $N=104$		
	女性同一性			女性同一性			女性同一性	
	意識	無意識		意識	無意識		意識	無意識
母性 意識	.37***	.09	母性 意識	.22**	-.06	母性 意識	.27***	-.11
母性 無意識	.01	.19*	母性 無意識	.18*	.02	母性 無意識	.05	.24**

女性同一性についての意識水準と無意識水準の相関係数

.23**	-.10	.04

母性についての意識水準と無意識水準の相関係数

.11	.24**	.03

*…$p < .10$　**…$p < .05$　***…$p < .01$

と「母性」の程度との関連をみるために相関係数をまとめたものが表2-2である。

表2-2より，意識水準では，どの学年も女性同一性と母性とは有意な相関を示していることから双方は強い関連をもつことがわかる。学年別に双方の関連をみていくと，中学生時は，無意識水準では女性同一性と母性とはまだ未分化でひとかたまりのものであるが（$r=.19$, $P<.10$），女性同一性の意識と無意識での芽生えがみられ（$r=.23$, $P<.05$），高校生時では，女性同一性とは異なる母性の芽生えがみられ（$r=.24$, $P<.05$），この母性は，意識水準での女性同一性と関連してくる（$r=.18$, $P<.10$）。その後，大学生時では，無意識水準で女性同一性と母性とが再びひとかたまりになり（$r=.24$, $P<.05$），意識水準でも女性同一性と母性とが一体になるという過程（$r=.27$, $P<.01$）がとらえられた。

コラム「女性の犯罪」②

だますつもりがだまされ　―男を手玉にとる―

　1981年（昭和56年）に「三和銀行オンライン横領事件」が起きた。この事件は，当時32歳のB（女子行員）が，男性と共謀して銀行の1億3000万円を横領したというものである。Bは，父親が教師であるというかたい家に育ったが，高校卒業後，銀行へ就職してからは，非常に多くの男性と肉体関係をもち，奔放な女としてふるまっている。そのきっかけは，22歳の時の結婚の破談であった。女性が異性関係に自信をもち，交際が激しくなるとどうしても金が必要となってくる。Bは，大金を横領して，共謀の男とマニラで日本料理店を開店する約束をした。それを信じて，Bは，1人でフィリピンへ逃亡し，男を待っていたが，男は約束を破り，現れなかった。結局，現地での通報でBは逮捕される。

　Bのもつ男をだませるという自信が，逆に男からだまされてしまうという，心を失った性欲と金のみの男と女の関係のもろさを露呈した事件である。

4 親からの自立

ホリングワース（Hollingworth, 1928）は，青年期の大きなテーマとして心理的離乳（psychological weaning）をあげている。心理的離乳とは，青年が両親に依存したそれまでの生活から，次第に自分自身の判断でものごとの決定ができるようになることをいう。この語は，親からの自立（independence）と同意語であり，親から感情的にも思考的にも独立していくことである。また，自分で心をコントロールできる自律（autonomy）は類語でもある。

長尾・光富（2012）は，現代青年の特徴として親からの自立ができていない傾向をあげ，とくに青年後期になっても母親から自立できない女子は，幸福感（well-being）や心理的健康（mental health）面で否定的な特徴が強いという（藤原ら 2010，水本・山根，2010）。

青年期における女子の学年変化にともなった親からの自立についての発達変化はどのようなものであろうか。この点を明らかにしてみたい。

テーマ
親からの自立についての発達

目的
健常中学・高校・大学生女子を対象に心理テストを用いて親からの自立についての発達を明らかにする。

方法
親からの自立の程度をみるために福島（1992）の自立尺度（12項目），「全くない」から「当てはまる」までの4件法とスタインバーグら（Steinberg et al., 1986）の自立尺度（20項目），「全くない」から「当てはまる」までの4件法を用いた。両尺度とも得点が高いほど自立性

が高いととらえる。

調査対象と調査時期

健常中学生女子66名，高校生女子104名，大学生女子85名を対象とし，2012年6月に実施した。

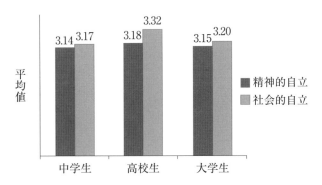

図2－8a　学年別の自立性の発達（福島，1992の自立尺度）

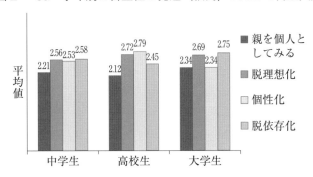

図2－8b　学年別の自立性の発達（Steinberg et al., 1986の自立尺度）

2章 女性の発達心理学

結果と考察

各尺度の学年別の自立性の発達を図2-8aと図2-8bに示した。福島の尺度による自立性の発達についても（$F(2.254)=1.13$, $n.s.$），スタインバーグらの尺度による自立性の発達についても（$F(2.254)=1.61$, $n.s.$）大きな学年差は認められなかった。

これらの結果から，青年女子の親からの自立については，大きな変化はみられず，親から自立していくことは，現代においては容易なことではないことが示唆された。

コラム「女性の犯罪」③

嫉妬心が破壊をまねく

　1994年（平成6年）に起きた「福岡美容師バラバラ殺人事件」は猟奇的な事件である。女性のもつ妬み，羨望（嫉妬心）は根強く，しつこいものがある。英語では二者関係の嫉妬心をエンビィ（envy）といい，三者関係の嫉妬心をジェラシー（jealousy）という。この事件は，ジェラシーが原因であるといわれている。自分の好きな男性が他の女性にとられたのではないかという嫉妬心が，その女性を殺人犯にまで発展させた事件である。

　美容院のマネージャーをする30歳代の容疑者Cは，結婚をしていたものの，他の男性と不倫をし，その男性がバラバラ殺人の被害者である女性（30歳）と恋愛関係になったのではないかと疑い，被害者を4時間も問いつめ，その後，殺害し死体をバラバラにして，各地へ遺棄した。

　Cは，母親が教師であり，母親とは幼い頃より良い関係ではなかったという。また，容姿に劣等感をもち，被害者の女性は美人であったということが嫉妬心を生む原因にもなった。Cは，今も容疑を否認しているが，被害者へ異常な嫉妬心があったことは間違いない事実である。

5 アイデンティティの確立

エリクソン（Erikson, 1950）は，青年期の発達課題としてアイデンティティ（自我同一性：ego identity）の確立をあげている。アイデンティティという語の日本語に値する語はないが，「ひとりしかいない私」（不変性）と「今の私とこれからの私は同じ」（連続性）との感覚をもつ「私」が，社会のなかで「……としての私」という感覚と一致し，安心と自信をもっていることをいう。

しかし，ホプキンス（Hopkins, 1980）は，エリクソン（Erikson, 1950）のアイデンティティ理論は，ほとんど青年期男子の臨床ケースにもとづくものであり，青年期女子の特性をみていく場合には適切な理論ではないという。また，ジョセルソン（Josselson, 1973）は，女子のアイデンティティ形成過程においては，エリクソンの発達段階図式の第Ⅴ段階（アイデンティティの確立）と第Ⅵ段階（親密性の獲得）は，並行して進むことを明らかにしており，わが国の山本（1989）もアイデンティティが確立した後，親密性が確立するという図式は女子には当てはまりにくいことを明らかにしている。

親密性（intimacy）とは，ルビン（Rubin, 1983）によれば，恐れや依存したいという欲求からではなく，他者の内面の生活を知り，自己の内面生活を他者とわかち合いたいという願望から出た感情や考え方のある種の相互言語表現であるという。このようなことから，青年期女子の場合，社会におけるアイデンティティの確立とともに他者と親密になれることが重要であることがわかる。

一方，アイデンティティと関連する時間展望（time perspective）の研究では，白井（1991）は，青年期，成人期，中年期を対象とした時間展望に関した研究で，とくに青年期女子の場合の時間展望の欠如や刹那主義を明らかにしている。

6　対人・人間関係

これまでの内容から青年期女子の場合，親からの自立やアイデンティティの確立というテーマも重要ではあるが，さらに対人関係や人間関係も重要であることがわかる。前者は，主として1対1の関係を，後者は主として3人以上のグループでの関係のことをいう。以下に青年期女子の対人・人間関係における各特性についてふれたい。

a　甘え・依存性

依存性（dependency）とは，心理的，物質的に他者に頼ろうとする状態をいい，心理学では，愛着（attachment）と類語である。

大学生女子を対象とした研究で西井（1986）は，男子よりも女子のほうが依存性が強く，しかも自覚した依存タイプが多く，一体感を求める反面，他者の干渉を嫌うという特徴を明らかにし，竹澤・小玉（2004）は，依存性が高い者ほど自己評価は低いことを明らかにしている。また，乳児や幼児の研究からゴールドバーグとルイス（Goldberg & Lewis, 1969）やワインら（Wine et al., 1980）は，女児のほうが男児よりも依存性が強いことを明らかにしている。

依存性という語に近い日本語の独自な語として甘え（amae）という語がある。甘えとは，土居（1971）によれば受身的対象愛，つまり乳児のように母親に一方的に依存する関係を意味し，自立して「自分がある」状態を否定し，対人的に依存を求めることをいう。

青年期における女子の中学，高校，大学の学年変化にともなった依存性と甘えの発達変化はどのようなものであろうか。この点について明らかにしてみた。

テーマ
依存性と甘えの発達

目的
健常中学・高校・大学生男女を対象に心理テストを用いて依存性と甘えの発達変化を明らかにする。

方法
依存性の程度については，竹澤・小玉（2004）の依存性尺度（8項目）の「全く当てはまらない」から「非常に当てはまる」までの6件法と，甘えの程度については，谷（2000）の甘え尺度（9項目）の「全くない」から「いつもある」までの5件法を用いた。両尺度とも得点が高いほど依存性や甘えが強いととらえる。

調査対象と調査時期
健常中学生男子50名，女子50名，高校生男子50名，女子50名，大学生男子41名，女子100名を対象とし，2012年7月に実施した。

結果と考察
学年別・性別の依存性と甘えの変化を図2-9に示した。依存性については，学年差と性差の交互作用もなく（$F_{(5,340)}=1.02$, n.s.），学年差の主効果もなかったが（$F_{(2,340)}=0.32$, n.s.），性差の主効果がみられた（$F_{(1,340)}=8.17$, $p<.01$）。また，甘えについては，学年差と性差の交互作用（$F_{(5,340)}=0.99$, n.s.），学年差の主効果（$F_{(2,340)}=0.63$, n.s.），性差の主効果（$F_{(1,340)}=0.01$, n.s.）もなかった。この結果から，青年期の依存性については，西井（1986）や竹澤・小玉（2004）の結果と一致して，女子のほうが男子よりも強いことが明

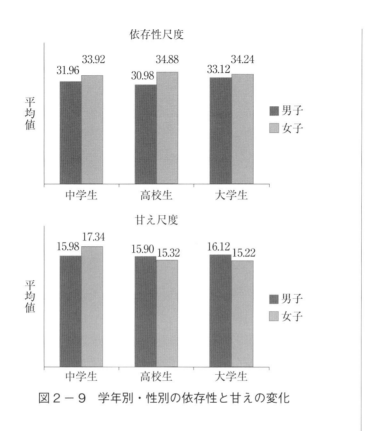

図2-9 学年別・性別の依存性と甘えの変化

らかにされた。また，依存と甘えとは土居（1971）のいうように別個なものとしてとらえられることが示唆された。

b 恥

恥という語は，幅広い意味がある。英語でいう「shame」は，自分のもっていた権威を失い，プライドが傷つくことを意味し，「shyness」は，人前での赤面，発汗などの生理的反応，対人的行動の抑制，人目が気になる

ことをふくみ，羞恥心は，英語では「embarrassment」といい，とくに他者の批判や基準から自己を劣位に恥ずかしく思う感情のことをいう。日本人が強調する恥の意味は，この羞恥心の意味が多い。心理学では，対人不安（social anxiety）あるいは公的自己意識（public self consciousness）が強いととらえる。

　文化人類学者のベネディクト（Benedict, 1946）は，日本人はグループでの和を重視し，人に恥をかかせないことが道徳の原理であり，罪を犯さないことを道徳とする欧米人とは異なることをあげた。また，作田（1967）は，ベネディクト（Benedict, 1946）のいう人前での失態による恥を「公恥」とし，自己の評価基準に従って自分自身を裁く恥を「私恥」として2つに分けている。

　菅原（1984）による公的自己意識の研究では，公的自己意識は女子のほうが男子よりも強く，中学生時にピークに達し，年齢とともに減少していくことが明らかにされている。

　戦後，70年以上が過ぎた今日，ベネディクト（Benedict, 1946）のいう恥は，現代青年にまだ深く根づいているのであろうか。そこで，ベネディクトのいう恥の強さの性差と中学，高校，大学の学年差を明らかにしてみた。

テーマ
羞恥心の性差と学年差

目的
青年期の男女を対象にベネディクト（Benedict, 1946）のいう恥についてその性差と学年差を明らかにする。

方法
ベネディクトのいう恥に最も近い意味の恥についてを測定できる成田

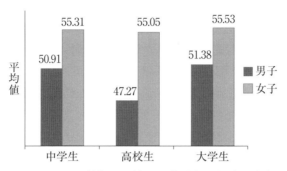

図2−10 学年別・性別の羞恥心の程度の変化

ら(1990)による羞恥心傾向尺度(19項目)の「非常に恥ずかしい」から「全く恥ずかしくない」までの4件法を用いた。得点が高いほど羞恥心の程度が強いととらえる。

調査対象と調査時期

健常中学生男子75名,女子75名,高校生男子75名,女子75名,大学生男子60名,女子60名を対象とし,2012年5月に実施した。

結果と考察

学年別・性別の羞恥心の程度の変化を図2−10に示した。

学年差と性差の交互作用はなかったが($F_{(5,420)}=2.14$, $n.s.$),学年差の主効果($F_{(2,420)}=3.18, p<.05$)と性差の主効果($F_{(1,420)}=46.09, p<.01$)が認められた。学年差については,高校生時,羞恥心の程度は低下すること,また,性差については,女子のほうが男子よりも羞恥心の程度が強いことが明らかにされた。

これらの結果から,戦後,70年以上が過ぎた今日でもベネディクト(Benedict, 1946)のいう恥は,女子の場合,根強くあるのではないかということが示唆された。

c　第二次反抗期

　昨今の中学生は，親へ険悪な反抗を示すものが少ないことが示されている（深谷，2004）。

　青年は，大人へ反抗して自立し，アイデンティティを確立していくという公式は，大人が青年にとってモデルとはならない，あるいは反抗に値しない存在となった現在では，むしろ反抗せずに時をかけて自立やアイデンティティの確立をしていく青年のほうが多いのではなかろうか。

　とくに感性の鋭い女子にとって，親や教師へ反抗するということは自立をめざすというよりも親や教師側に客観的な問題があり，自我（心）の弱い女子生徒は彼らに不満を感じて反抗しているとも思われる。この点を以下の研究で明らかにしたい。

テーマ
思春期の第二次反抗期と自我の強さとの関係

目的

健常中学・大学生女子を対象に思春期の第二次反抗期の有無と自我の強さ（ego strength）との関係を明らかにする。

方法

中学生女子に対しては，現在，「親や教師へ反抗している」「反抗していない」「わからない」の3つのうち1つに答えさせ，大学生女子に対しては，中学生時を回顧させて第二次反抗期が，「あった」「なかった」「わからない」の3つのうち1つに答えさせた。また，中学生・大学生女子に長尾（2007a）の自我強度尺度を実施して，現在の自我の強さを測定した。なお，この尺度は，中学生用と高校・大学生用と

表2−3 反抗期の有，無，不明の実数と自我強度得点平均値

反抗期 学年	ある（あった）	ない（なかった）	不明
中学生	26名 52.15（4.53）	19名 58.26（6.89）	37名 55.73（6.48）
大学生	37名 53.55（7.46）	20名 54.50（6.70）	6名 48.56（3.94）

注：（ ）内は標準偏差値を示す

があり，「はい」「いいえ」「わからない」の３件法で回答させ，得点が高いほど自我が強いととらえるようになっている。

調査対象と調査時期

健常中学生女子82名と大学生女子63名を対象とし，2013年7月に実施した。

結果と考察

第二次反抗期の有，無，不明の実数と自我強度得点の平均値を表2−3に示した。

表2−3から，第二次反抗期とは，時を経て過去をふり返ってわかってくることが示唆される。

また，第二次反抗期の有（ある・あった）と無（ない・なかった）の2群間の自我強度得点平均値の差は，中学生女子の場合，無（ない）群のほうが有（ある）群よりも自我が強いこと（$t=4.92, df=45, p<.01$），大学生女子の場合，反抗期の有無によっての自我の強さの程度の差がないこと（$t=0.75, df=57, n.s.$）が明らかにされた。

このことから，中学生女子にとって自我が弱い者が反抗をし，その後のこの反抗期は，大学生になって自我の強さに大きな影響を与えていないことが示唆された。

d 山あらしジレンマ

ショーペンハウエル（Schopenhauer, A.）の寓話の中に，山あらしが寒さを凌ぐため互いに寄りそって暖をとろうとするが，体を覆っているトゲが互いを刺してしまうため，適当な距離を見つけるのに葛藤が生じるという場面がある。ベラック（Bellak, 1970）は，クライエントのもつ治療者へ近づきたいけれど離れたいというジレンマを「山あらしジレンマ（porcupine dilemma）」と名づけた。小此木（1978）は，現代人の特徴としてこの山あらしジレンマをあげている。藤井（2001）は，大学生を対象として山あらしジレンマ尺度を作成し，「近づきたいけれど近づきたくない」「離れたいけれど離れすぎたくない」の2つの因子を抽出している。

テーマ
山あらしジレンマの性差と学年差

目的
健常中学・高校・大学生男女を対象に山あらしジレンマ尺度を用いて山あらしジレンマの性差と学年差を明らかにする。

方法
山あらしジレンマの程度をみるために，藤井（2001）の4つの下位尺度からなる尺度（8項目），「全く感じない」から「非常に感じる」までの5件法を用いた。得点が高いほど山あらしジレンマが強いととらえる。

調査対象と調査時期
健常中学生男子74名，女子81名，高校生男子51名，女子22名，大学生男子29名，女子87名を対象とし，2014年10月に実施した。

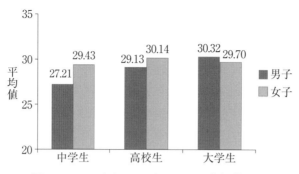

図2-11 山あらしジレンマの学年差と性差

> **結果と考察**

学年別・性別の山あらしジレンマ尺度の平均値を図2-11に示した。学年差と性差の交互作用があり（$F(1, 344)=5.44, p<.01$），性差の主効果もみられ（$F(1, 344)=7.65, p<.01$），学年差の主効果（$F(2, 344)=6.53, p<.01$）もみられた。山あらしジレンマは，女子のほうが男子よりも強く，また，高校生のほうが中学生よりも強いことが明らかにされた。

また，下位尺度ごとに学年差と性差の検定をした結果，「相手を傷つけることの回避」と「自分がさびしい思いをすることの回避」が女子のほうが男子よりも強く，女子は，他者を傷つけまいとする気持ちと自分が孤独であると他者へ接近しやすいことがとらえられた。

e 攻撃性と道徳性

攻撃性（aggression）とは，怒り（anger）や敵対心（hostility）を抱く対象を責め，非難する行動をいう。昨今では，「キレる」という語が流行し，子どもや青年の衝動的攻撃行動が注目されている。攻撃性について

は，男性のほうが女性よりも強いといわれており（White & Kowalski, 1994），怒りについての研究では，桜井（2003）は，中学生の怒りは女子のほうが男子よりも強く，3年生が1年生よりも怒りを表現しやすいこと，また，小澤（2007）は，怒りの程度と自尊感情の程度との負の相関を明らかにし，日比野ら（2005）は，中学生の怒りの抑制要因として，男子では損得意識が，女子では規範意識があることが示されている。

　この攻撃性と対極する語として道徳性（molarity）という語がある。道徳性とは，正義や公平さの観点と思いやりや配慮など対人関係を重視する観点から，問題を解決する能力や規範，慣習を尊重する意識のことをいう。コールバーグ（Kohlberg, 1966）は，道徳性について男性のほうが女性よりも強いことを示しているが，明田ら（1990）の小学生を対象とした道徳性の研究では女児のほうが男児よりも道徳性が強いことが示されている。

　そこで筆者は，青年期における攻撃性と怒りについての性差と学年差を明らかにしてみた。

テーマ
攻撃性と怒りの性差と学年差

目的

青年期における攻撃性と怒りについての性差と学年差を明らかにする。

方法

攻撃性については，安藤ら（1999）訳のBuss-Perryの攻撃性尺度（8項目），「全く当てはまらない」から「非常に当てはまる」までの4件法と，怒りについては，小澤（2007）の怒り情動反応尺度（8項目），「全く当てはまらない」から「非常に当てはまる」までの4件法の2尺度を用いた。

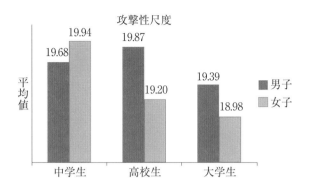

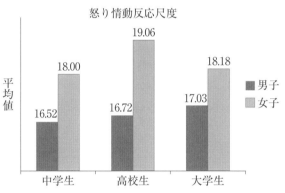

図2-12 学年別・性別の攻撃性と怒りの変化

調査対象・調査時期

健常中学生男子31名,女子34名,高校生男子47名,女子49名,大学生男子33名,女子50名を対象とし,2012年6月に実施した。

結果と考察

学年別・性別の攻撃性と怒りの変化を図2-12に示した。
学年別・性別の攻撃性得点と怒り情動反応得点との相関係数は,すべ

表2-4 攻撃性尺度と怒り情動反応尺度の学年差と性差の交互作用，学年差と性差の主効果

<table>
<tr><th colspan="2">尺度</th><th>学年差と性差の交互作用</th><th>学年差の主効果</th><th>性差の主効果</th></tr>
<tr><td rowspan="4">攻撃性尺度</td><td>身体的攻撃</td><td>5.00 n.s.</td><td>1.12 n.s.</td><td>26.99 ** 男子＞女子</td></tr>
<tr><td>短気</td><td>0.61 n.s.</td><td>0.67 n.s.</td><td>2.51 n.s.</td></tr>
<tr><td>敵意</td><td>3.76 * 女子＞男子</td><td>1.14 n.s.</td><td>7.26 ** 女子＞男子</td></tr>
<tr><td>言語的攻撃</td><td>0.12 n.s.</td><td>0.58 n.s.</td><td>0.08 n.s.</td></tr>
<tr><td colspan="2">怒り情動反応尺度</td><td>0.68 n.s.</td><td>0.73 n.s.</td><td>14.80 ** 女子＞男子</td></tr>
</table>

注：数値は F 値を示す　*…$p<.05$　**…$p<.01$

て.31（$p<.01$）以上であった。

また，両尺度の学年差と性差との交互作用，学年差の主効果，性差の主効果を表2-4にまとめた。

これらのことから，攻撃性と怒りとは強い関連があり，表2-4から身体的攻撃は男子のほうが女子よりも生じやすく，敵意や怒りは女子のほうが男子よりも生じやすいことが明らかにされた。

アーチャーとコイン（Archer & Coyne, 2005）は，攻撃性を関係性攻撃，社会的攻撃，間接的攻撃の3つに分け，女性は関係性攻撃が強いことを示し，ディキンソン（Dickinson, 2007）は，女性は女らしさの規範への同調が増加するにつれて，関係性攻撃と身体的攻撃がともに減り，男性は男らしさの規範への同調が増加するにつれて，両方の攻撃性が増えることを報告している。

f　恋愛と性行動

恋愛は，相手を思慕し，あこがれ，どんな欠点でも美化し，その相手と会うと緊張し，相手をいつも思うものである。初恋の年齢は，中学2年生

時に多いという（大野，1999）。リー（Lee，1977）による恋愛の6つのタイプの中で，青年期女子の場合は「マニア」，つまり独占欲が強く，嫉妬など激しい感情をともなうタイプが最も多く，次いで友愛的で長い時間をかけて交流をする「ストルゲ」タイプ，そしてロマンチックな「エロス」タイプの順で恋愛が生じているという（金政ら，2004）。とくにストルゲタイプは，異性への警戒心が強いといわれている。

女らしさを意図的にふるまう性的アピールの強い女性は，自己顕示欲が強く，また恋愛経験が多いという（小出，1998）。

女性の理想の恋愛対象に関した研究では，アメリカでは高収入や経済力のある男性が好まれ，わが国では，パーソナリティの良さや相性、価値観が同じである男性が好まれている（経済企画庁，1997）。

また，女性の場合，母親の愛情が弱い者は性行動までの恋愛に至ることが多く（戸田・堅田，1987），家族への依存性が強い者は，性の発達の未熟さがあるという（清水，1979）。

コラム 「女性の犯罪」④
母であることを捨て，女を選んだ悲劇

長崎県と佐賀県において，1992年（平成4年）から1998年（平成10年）にかけて元看護師でホステスのD（30歳代）は，不倫をしていた男性と共謀して夫と自らの息子を殺害して保険金をだましとった。この事件は，自分の子どもを殺害してまでも保険金を得たという実母のあり方としてはあるまじきものであった。

Dの生い立ちは，警察官である父親をもち，かたい家に育っているが，男性には服従する傾向があったという。

共謀した男性が主導した事件ではあるが，当時，高校生だった次男を海へ突き落して殺害したことは，自ら母という役割を捨て，その男性の愛人（女）としての決断だったのであろう。次男の小学校時の卒業文集に母親への感謝が綴られている点が痛ましい。

5節　成人期（adulthood）

　成人期とは，一般に20歳代後半から30歳代後半までをいう。この時期の女性は，就職，結婚，育児，家事というテーマにかかわり，とくに就労女性にとっては仕事と家事・育児との両立という困難な問題に直面しやすい。以下に各テーマに沿って概説をしたい。

1　就職

　女性は，21世紀を支える貴重な労働力であるという認識が高まっている。とくに青年期女子は，さまざまな価値観にもとづく職業意識の多様化や分化の傾向がみられるようになった。しかし，成人女子が理想の就職にたどり着くには　多くの問題がある。たとえば，外的側面として，青年期男子と比較してキャリア形成における「モデルの不在」（神田, 2000）や，大学においては所属する学部・学科によってどのような仕事に就けるかが左右される（浦上, 1996）。浦上（1996）の女子短期大学を対象とした研究では，文学部では学生の自己効力感（self efficacy）の高さが就職を左右し，保育科では文学部ほどは自己効力感が就職を左右していないことが示されている。

　一方，青年期女子の内的側面として，松田ら（2010）は，就職活動不安を取りあげ，その尺度を作成し，因子分析の結果，「アピール不安」「サポート不安」「活動継続不安」「試験不安」「準備不足不安」の5因子を抽出している。なかでも「サポート不安」と「準備不足不安」が強いことを見出している。

　また，キャリア意識という側面から森永（1990）は，女子大学生の就職への消極的態度を問題とし，安達（2008）は，女子大学生の（1）いつか良い仕事にめぐりあうだろうという「適職信仰」，（2）そのうち何とかなるだろうという「受身」，（3）自分の好きなことができるところにいたい

という「やりたいこと志向」の3つのキャリア意識を見出し，それらが就労動機へとつながっているという。この安達（2008）の研究においても，自己効力感の高低が就労動機へ影響を及ぼしていることが明らかにされている。

2　結婚・離婚

女性の結婚の平均年齢は，28歳前後といわれており（厚生労働省，2010c），一生独身を通す女性は，全女性の約6％といわれている（井上・江原，1999）。2001年頃からとくに20歳代後半の独身女性が増えており，結婚は，現在では以前ほどは女性にとって幸福となる絶対的な指標ではなくなっている。

20世紀後半から女性にとって理想の結婚とは，(1) 心地よい（comfortable）家庭，(2) 家族との交流（communicate），(3) 協力的な（cooperative）家族の「3C」があげられている（岡本・松下，2002）。

伊藤ら（1999）の研究では，夫との会話時間が長い女性は，就労において充実感が高いことが，また，井上・湯沢（2002）の研究では，夫による自分への愛情が強いと感じる女性は，子育てへの活力が増加することを明らかにしている。

一方，離婚は，2001年頃より3組に1組以上の割合で，しかも結婚して5年未満で生じやすいことが明らかにされている（厚生労働省，2010c）。また，約半数以上の女性が離婚については肯定的意見をもっているという（内閣府，2009）。

小田切（2004）による離婚女性の適応に関する研究では，(1) 実家援助タイプ，(2) 自立タイプ，(3) 元夫・協力タイプ，(4) 元夫・無責任タイプの4つの離婚女性のうち，実家援助タイプと元夫・協力タイプの女性は問題行動を示す子どもが少なく，家庭内での適応がよいことが示されている。

3　育児・虐待

　かつては，出産という語は子どもを「授かる」という意味が強かったが，現在では子どもを「つくる」という自分のための価値，あるいは情緒的価値から出産をしている（中山，1992）。しかし，核家族が多い現在，母親にとって育児は容易ではない。

　「育児ノイローゼ」という語は，わが国で核家族が増え始めた1970年頃より流行した。現在においても育児不安の強い母親は増えており（原田，2006），深津（1992）は，(1) 育児書に頼りすぎる，(2) 周囲に支えてくれる者がいない，(3) 母親代理になる者がいないなどの条件から育児不安が増えているという。また，佐藤ら（1994）は，育児ストレスがラザルスとフォークマン（Lazarus & Folkman, 1984）のストレス理論の通り，うつ状態を生じさせることを明らかにしている。

　育児不安という語は，0～6歳頃までの子どもの場合に適用する語であり，それ以後の年齢の子どもの場合，正しくは「子育て不安」という。荒牧・無藤（2008）は，住田・中田（1999）の育児不安尺度を用いて各因子別の特徴を明らかにしている。その結果では，(1) 年少の子どもをもつ場合が強く，(2) 育ちへの不安は，男児のほうが女児の場合よりも親の不安が強く，(3) 育児の肯定感は，支えてくれる者が多いほど親の子どもへの肯定感が強いことが示されている。年少の子どもに対する育児の負担感については，中谷ら（2007）の研究では，母親自身の未熟性が子どもへの暴力や無視をまねくこと，また，小林（2009）の研究では，母親のストレスに対するコントロールや夫からのサポートが育児の負担感を軽減させることが明らかにされている。さらに宮本（2007）は，就労女性は過去を受け入れ，専業主婦は未来へ希望をもつことが育児不安を軽減させることを明らかにしている。このように昨今のわが国の母親は，育児や子育てに悩んでいる。

　日本・韓国・アメリカの3ヵ国を対象とした子育てに関する調査では，わが国の母親は，子育てに対して肯定的感情と否定的感情の両面が強いこ

とが明らかにされている（総務省青少年対策本部，1995）。また，社会学者ヴォーゲル（Vogel, 2012）が，約半世紀にわたって日本の母親をみていて，子育てに関して，最近では甘やかしている母親が多いことを指摘している。

　育児不安や子育ての悩みとともに，わが国では子どもへの虐待も増えている（厚生労働省，2006）。児童虐待（child abuse）という語は，ケンペ（Kempe, 1962）が最初に名づけ，わが国では池田（1979）がこの語を最初に訳して紹介している。児童虐待の歴史は古く，「白雪姫」の童話の中にも登場している。虐待する者は，実母が約半数を占めるといわれ，児童虐待の条件として，ケンペとケンペ（Kempe & Kempe, 1978）は，(1)母親自身の乳幼児期の被はく奪体験がある，(2)母親の認知的歪曲，(3)限界を超えた危機状況，(4)社会的サポートの欠如の4つをあげている。

　また，橋本（2012）は，児童虐待，家庭内暴力，配偶者虐待（DV），高齢者虐待などのすべての虐待を包括的虐待（comprehensive abuse）と名づけて，これら虐待の加害性のメタ分析を行った結果，(1)依存性と衝動性の高さ，(2)暴力に対する認知の歪みを明らかにしている。

　一方，村本（2004）は，性被害を受けた成人女性への面接結果から，(1)幼い頃受けた性被害は，被害として認知しにくい，(2)幼い頃の性被害のトラウマ（trauma）は，新たなトラウマをまねきやすい，(3)被害体験を話して受けとめてもらえた者は性被害の影響を減少させるが，ほとんど誰にも相談をしていないことが多いことを明らかにしている。

　そこで筆者は，幼児期の親子関係のあり方が，以後の人生においてさまざまな影響を与えるという精神分析的仮説にもとづいて，成人女性の自分の母親に対して抱くイメージと自らの育児不安の程度との関係を明らかにしてみることにした。

テーマ
母親イメージと育児不安の強さ

目的

乳幼児期の子どもをもつ母親を対象に自分の母親に対するイメージと自らの育児不安との関係を明らかにする。

方法

ボシュナーとハルパーン（Bochner & Halpern, 1945）の仮説にもとづいてロールシャッハカードのⅢ，Ⅳ，Ⅶ，Ⅷをみせて，自分の幼児期における母親のイメージ内容と一致するカードを1つ選ばせる。同時に住田・中田（1999）の育児不安尺度（8項目），「全くない」から「よくある」の4件法を実施する。その後，選んだ母親イメージカードのカードナンバー別に育児不安尺度得点の平均値を算出する。得点が高いと育児不安が強いととらえる。

調査対象・調査時期

保育所と幼稚園で乳幼児期の子どもをもつ母親42名（平均年齢32.45歳）を対象とし，2014年6月に実施した。

結果と考察

選ばれた母親イメージのロールシャッハカードナンバー別の育児不安尺度得点の平均値を表2-5に示した。

表2-5の結果をもとに，Ⅲ，Ⅶ，Ⅷカードの3群に育児不安得点の差があるかを検定したところ，有意な差が示された（$F(2, 42) = 3.71$, $p < .05$）。従来，母親イメージは，ロールシャッハカードⅦを選ぶ者が多かったが，現在では本研究の結果からⅧカードが選ばれやすいことが

表2-5 ロールシャッハカード母親イメージと育児不安との関係

ロールシャッハカード			
Ⅲカード	Ⅳカード	Ⅶカード	Ⅷカード
11名	0名	2名	29名
育児不安尺度の平均値			
20.55（4.31）	0	28.00（2.00）	21.72（3.11）

（　）内は標準偏差値

示された。Ⅶカードは，女性的で優しいというイメージがあり，一方，Ⅷカードは，力強く，派手で明るいというイメージが強い。現代の母親は，力強く，派手で明るいイメージを抱かせる者が多いのであろうか。育児不安との関係は，Ⅶカードを選んだ者は育児不安が強く，ⅢやⅧカードを選んだ者は育児不安が強くはないことが示された。この結果から従来からあった女性的な母親イメージを抱く母親は，現在では育児不安が強く，むしろ力強く，派手で明るい母親イメージを抱く母親のほうが育児不安は弱いことが示唆された。

　コラム「女性の犯罪」⑤
男の淋しさにつけこんで

　中年期の，あるいは老年期の男性が一人暮らしを続けることは淋しいものであろう。38歳の無職の女性Eは，2009年（平成21年）の8月より結婚詐欺から練炭を用いた自殺にみせかけて中年期と老年期の3名の男性を殺害している。詐欺の手口は，インターネットを用い，結婚をネタに現金をだまし取り，その別れ際に殺害したというものである。Eは，殺害容疑がかけられ，現在裁判中である。

　Eには，男性の淋しさをうまく操る言葉巧みな点があり，それは，金銭への執着からきていると思われる。Eは，行政書士の父親をもつ，かたい家で育っている。中学生時まで優等生であったが，高校生時より隠れて「援助交際」を行っていたという。上京し，大学へ入学したものの，中退して，売春などをして大金を得ていたようだ。その頃，中年期や老年期の男性のもつ淋しさを知り，それが犯行のテクニックへとつながったと思われる。

4 仕事と家事

　わが国において，1955～73年までは専業主婦が多い時代であった。落合（2004）によれば，専業主婦とは，（1）定年退職まで働く夫がいる，（2）離婚をしない，（3）夫の仕事が安定しているという条件が必要であるという。しかし，84年から就労女性のほうが，専業主婦の数を上回り，現在では，約7割近くの女性が働いているという（厚生労働省，2001）。
　ヴォーゲル（Vogel, 2012）は，わが国の戦後間もない頃の専業主婦とかかわり，良妻賢母で上手な子どものしつけや献身的態度をみて，当時のアメリカの女性とは異なっていた点を指摘している。しかし，現在では就労女性が増え始めて，女性にとって多くの問題が生じてきている。三枚（1998）による30～59歳までの女性を対象とした3つの生き方の研究では，（1）農業従事者は，40歳代では独立的な自己観があり，（2）専業主婦は，相互協調的な自己観から40歳代になると独立的な自己観に変わり，（3）就労女性は，どの年齢においても相互協調的な自己観が強いことを明らかにしている。
　カーンら（Kahn et al., 1964）は，女性の仕事と家事との葛藤をWFC（work family conflict）と名づけ，加藤・金井（2006）は，WFC尺度を作成し，この尺度によって（1）家庭＞仕事，（2）仕事＞家庭，（3）時間葛藤，（4）選択葛藤の4因子を抽出している。この研究では，女性にとって，（3）の毎日があわただしいという時間葛藤と，（1）の家事のために仕事がやれないという家庭＞仕事葛藤が心理的不健康へとつながることが明らかにされている。また，小堀（2010）の共働き夫婦のWFCについての研究では，女性の場合，家庭を優先するという伝統的性役割観が強いことが示され，小泉ら（2003）の就労する母親の研究では，仕事上の否定的なストレスを家庭へもちこめばうつ状態に陥りやすいことが示されている。
　このように女性にとって仕事と家事との葛藤からストレスが増大しやすく，心理的不健康な状態になることもある。このような葛藤を解決・軽減

するためには夫や夫の親による妻へのサポートが重要である。

このことは、就労していた女性が出産し、その後、再び働き始めるかどうかの決断時とも関係している。小坂・柏木（2007）の研究では、出産後、再び就労するかどうかは夫や夫の親の影響が大きいことが明らかにされている。また、渡邊・内山（2011）の独身就労女性を対象とした調査から、結婚・出産後、再び就労するかという決断は、職場を重視するためではなく、自ら実家についてを重視しなくなった点が明らかにされている。

このように成人女性の生き方として、仕事中心か家事中心かの葛藤がみられる。筆者は、臨床経験から女性クライエントの過去の親子関係のあり方、とくにフロイト（Freud, 1905）のいう「ペニス羨望」が、成人女性の生き方と関連しているととらえて、以下の研究⑪を行ってみた。

テーマ
ペニス羨望と成人女性の2つの生き方との関連

目的
フロイト（Freud, 1905）の精神分析理論にもとづいて「ペニス羨望」尺度を作成する。この尺度を中年期の専業主婦と就労女性の2群の女性に実施して、尺度の得点間の違いをみる。

方法
フロイト（Freud, 1905）によれば、3歳頃の女児はペニスがないことに気づき、(1) 母親への憎しみ、(2) ペニス代わりの所有欲（子ども、贈り物、人形、宝石など）、(3) 男児に対する競争心が生じてくることをあげ、これをペニス羨望（penis envy）といった。
この見解をもとにペニスエンビィ尺度（15項目）、「はい」「いいえ」「わからない」の3件法を作成する。この尺度を女子大学生70名に実

表2−6 ペニスエンビィ尺度項目の因子分析結果
（主因子法・Promax回転）

項目	第一因子	第二因子	第三因子	h²
〈第1因子　男性への憧れ〉				
9　うらやましい男性に対して心が広くなれない自分がいる	.84	.06	-.01	.75
12　私は男性から嫌われていると思う	.80	.09	-.10	.71
7　何でもできることをうらやましく思う男性の前で思うようにふるまえない	.74	-.06	-.07	.66
14　男性は私の劣等感を刺激する	.61	-.01	-.07	.55
13　私は父から拒絶されていた	.54	-.09	.14	.38
1　好きなタイプはハンサムな人よりも男らしいスタイルの身体の人のほうがよい	.51	.17	.27	.32
4　母は，本当は私が男の子だったらよかったのにと思っていた	.50	-.11	.07	.32
〈第2因子　男性への競争心〉				
10　勉強やスポーツで男の子に勝ちたい気持ちが強いほうであった	.09	.74	-.09	.70
2　男性との競争心が強いほうである	.07	.72	.20	.51
15　男性からからかわれて悔しい思いをしたことがある	.29	.58	.11	.36
5　私は人からの贈り物をもらうのが大好きである	-.06	.48	-.11	.26
〈第3因子　母親への憎しみ〉				
8　母に対して過去のことで憎しみを感じることが多かった	.09	-.09	.80	.73
6　母は，私を本当に愛していないのではと思うことがあった（ある）	.08	-.05	.77	.62
3　母と話していると憎しみが生じることが多い（多かった）	.12	.08	.76	.75
11　母を軽蔑することがよくあった	-.03	.09	.54	.28
α係数	.88	.75	.87	

施して，因子分析をした結果は表2−6の通りであり，3因子が抽出された。

表2−6に示すα係数の結果から，尺度の信頼性が示された。しかし，妥当性は，まだ十分な検証がなされていないため，今後検討していく必要がある。

また，表2−7に示す21世紀の女性の3つの生き方を参考にして，

表2-7 21世紀の女性の3つの生き方
(Hakim, 2000)

家庭中心型	順応型	キャリア中心型
女性全体の20%を占める	女性全体の60%を占める	女性全体の20%を占める
家庭生活と子どもは自分にとって最も大切である	職業と家庭生活を両立しようとする女性も含めた多様なグループ	子どものいない女性が中心。自分の最優先事項は職業あるいはそれと同等の公の場での活動『政治,特技,スポーツ,芸能活動など』である
働きたくない	キャリアを積むことだけに熱心にならないように働きたいと思っている	キャリアを積むことに一生懸命である
学位・資格は教養を得るためのもの	学位・資格は仕事に役立てるために取得	仕事やその他の活動のために大学や専門教育に多大な投資をする
社会政策・家族政策の影響を受けやすい	あらゆる社会政策の影響を受けやすい	雇用政策の影響を受けやすい

表2-8 ペニスエンビィ尺度の中年期専業主婦群と中年期女性教師群の平均値と差の検定

群 因子	中年期専業主婦群	中年期女性教師群	検定
男性への憧れ	8.11 (1.67)	9.41 (2.32)	$t=3.51$ **
男性への競争心	5.39 (1.24)	6.25 (1.86)	$t=2.96$ **
母親への敵意	4.44 (0.70)	5.09 (1.89)	$t=2.40$ *
合計点	17.94 (2.31)	20.57 (3.54)	$t=5.30$ **

( ) 内は標準偏差値を示す　　*…$P<.05$　　**…$P<.01$

ペニスエンビィ尺度を中年期専業主婦群18名と既婚の中年期女性教師群45名に実施し,その平均値の比較を行った(表2-8)。

> 表2-8より，既婚の中年期女性教師群のほうが専業主婦群よりもペニスエンビィが強いことが示された。しかしながら，独身で働く女性を対象から除外していることから，今後，キャリア中心型のペニスエンビィの程度をとらえていく必要があると思われる。

6節 中年期（middle age）

中年期とは，一般に40〜50歳代の時期をいう。ユング（Jung, 1917）は，この時期を「人生の正午」とたとえて，青年期とともに人生における分岐点ととらえた。この時期は，人生における光と影の両面が浮き彫りにされやすい。つまり，成熟の満足度，経済力の充実，内省力の高まり，若い世代へ自分の行ってきたことを伝えるなどの光の部分と，自分の人生はこれでよいのか，何か成し遂げた感じがしない，老いが近づいている，もうひと花咲かせたいなどの影の部分とが交差しやすい。

この時期の女性にとっては，閉経，子育ての終了，子どもの巣立ち，夫の定年退職，夫との関係，仕事の多忙さなどのテーマに直面しやすい。以下に2つのテーマについて概説したい。

1 中年期の危機

中年期の危機（mid-life crisis）を最初に唱えたジェイキューズ（Jacques, 1965）は，近まる老後と死の受容をあげ，抑うつ態勢の再検討を重視している。ジェイキューズが中年期の危機を唱えた頃の平均寿命は現代とは異なっており，主に40歳代のケースをもとに論じている。女性の中年期の危機を取りあげたシーヒー（Sheehy, 1977）は，30歳代後半から40歳代にかけての時期を中年期の危機ととらえた。シーヒーは，とくに35歳頃の女性が，生物学的，社会的出来事などの視点から中年期の

危機を迎えやすいという。長尾（1990）は，女性用の中年期危機尺度を作成し，その下位尺度として，「身体が老化していく不安」「死の不安」「今までの生き方の後悔」「自立することの不安」「過去の執着と分離不安」「時間不信」「新しい生き方の模索」の7つをあげている。また，日潟・岡本（2008）は，中年期の時間展望の研究から40歳代は，過去を土台として未来志向していく時期であることを示している。

　専業主婦と就労女性との中年期のあり方の差に関した研究では，堀内（1993）は，40歳代女性を対象に専業主婦と看護師，教師との中年期の自我同一性形成の違いについて，専業主婦は家庭外のことに打ちこみ始め，就労女性は生活のマンネリ化，あるいは職業上の技術のさらなる深化に打ちこみ始めるという違いを示している。一方，清水（2004）は子どもの巣立ち（empty nest）という観点から専業主婦と就労女性との違いを明らかにし，子どもの巣立ちは専業主婦にとっては自我同一性の拡散をまねき，就労女性にとっては仕事と家事との葛藤を解消できる点を示している。また，清水（2008）は男女を問わず中年期の自我同一性の確立のあり方のタイプとして，(1) 固定した職場や家庭での自分を形成していくか，それともさまざまな社会の刺激を取り入れてさらに自己をふくらませていくか，(2) 職業上でさらに技術や能力を高めていくか，(3) 今の環境に合わせて「和して同ぜず」「しなやかな自分」を形成していくかの3つをあげている。

2　夫婦のコミュニケーション

　中年期は，夫婦の関係が安定してくるか，あるいは葛藤が生じる時期でもある。平山・柏木（2001）は，中年期の夫婦間コミュニケーション態度として，「威圧」「共感」「依存・接近」をあげ，妻のほうは「共感」と「依存・接近」が多いこと，夫の最も顕著な態度として「威圧」を明らかにしている。また，柏木・平山（2003）は，結婚現実尺度を作成し，その

因子として「相思相愛」「夫への理解」「妻への理解」を抽出している。この尺度による中年期夫婦に対する調査結果では，「夫への理解」が高いほど夫の人生満足度は高いものの，「妻への理解」は妻の人生満足度とは強い関連がないことが示されている。さらに平山・柏木（2004）は，中年期の夫婦間コミュニケーションパターンを分類し，「共感親和群」（36.5％），「平均中立群」（35.7％），「威圧回避群」（27.8％）の3群を明らかにし，妻は，「共感親和群」と「威圧回避群」において夫婦関係満足度が低いことや片働き夫婦では「平均中立群」が多いことを明らかにしている。

これらの結果から，中年期の夫婦にとって夫は，妻からの理解や接近を求めそのことで満足しているが，中年期になって妻のほうは夫との適切な心理的距離の取り方に戸惑いやすいことが示唆できる。

7節　老年期（senescence）

老年期とは，一般に60歳以後の年齢をいう。わが国では，老年期にいる者の人口が年々増えていることから心理学の分野でも老年期が注目され始めた。従来から老年期については，身体的老化にともなう知的能力の低下，パーソナリティの変化（頑固，ぐちっぽい，疑い深くなる），喪失体験の増加（社会的役割を失う，親しい人との別れ，生きがいを失うなど）などマイナス面の特徴が強調されてきたが，今後は，老年期の円熟したパーソナリティ，人生の英知（virtue）を伝える老賢者として，また，孫，植物，動物など生きているものをいとおしむ生き方などプラス面の特徴を強調していく必要がある。

エリクソン（Erikson, 1950）は，この時期の発達課題として統合性（integrity），つまり今までの人生をまとめあげ，自分の人生は自分自身の責任であるという事実を受け入れることをあげている。一方，ユング（Jung, 1960）は，統合性に類似する語として全体性（wholeness），つま

り心の統合的なあり方をあげ,「人生は,私が私であるようにするために,すべてのことが生じた」と受け入れる心のあり方を説いている。

深瀬・岡本(2010)は,老年期の男女20名を対象に面接を行い,老年期の発達課題として,(1)感謝対,不信感,(2)内的・外的自律対,自律の放棄,(3)挑戦対,目的の喪失,(4)喜び対,劣等感,(5)確固とした自己対,自己のゆらぎ,(6)ゆるぎない関係対,途絶え,(7)祖父母的世代性対,隔たり・逆転の拒否,(8)統合対,否認・後悔の8点をあげている。

以下に老年期の孤独と介護・ケア・人生満足度についてふれたい。

1 孤独

老年期は,心理的には老いの自覚が強くなってから始まるともとらえられる。60歳を過ぎても年齢や自己を意識せずして自然に生きていくほうが,老いの自覚が生じにくいという研究がある。日潟・岡本(2008)の時間展望の研究では,60歳代の者は,現在の充実感と未来への希望が強ければ心理的健康度が高いことを示している。また,若本(2010)の研究では,自己についての関心が強い者ほど老いの自覚が強いことが示され,さらに若本・無藤(2006)の研究では,主観的老い尺度を作成し,「身体の不調」「心理社会面の減退」「志向の転換」「余裕と成熟」の4因子を抽出し,女性の場合,自尊感情の上昇によって「志向の転換」が生じやすいことや老いの自覚はすでに40歳代から始まることを明らかにしている。また,坪井ら(2004)の60～79歳までの高齢者を対象とした研究では,老いの自覚とうつ状態とは正の相関があり,支える人の欠如や活動力の欠如ともうつ状態は正の相関があることを示している。

天貝(1997)の60歳代の男女を対象とした「自己信頼」「他人への信頼」「不信」に関する研究では,「自己信頼」と「不信」とは正の相関があり,「他者への信頼」と「不信」とは相関がないことが示されている。このことから,高齢者になると個人が好むか好まざるかにかかわらず他者に

頼らずを得ない状況となり，そのため，実際には不信感があっても他者を意識的に信頼しようとしなければならない点があることが示唆される。また，この研究では，現在と過去との家族からのサポート感のギャップが不信感をまねくことも明らかにされている。

この不信感とともに高齢者にとって孤独感（loneliness）が生じやすい。マリアら（Maria et al., 1999）による80歳代の高齢者に対する孤独感に関する縦断的研究では，孤独感を生じさせるきっかけとして配偶者の死，疾患が生じる，施設などへ入所することがあげられ，年齢とともに孤独感は高まることが明らかにされている。また，河合・佐々木（2004）による16年間にわたる184名の配偶者を亡くした高齢者に対する縦断的研究では，配偶者を亡くした初期では，うつ状態が高まり，時を経て孤独感が高まり，この孤独感を乗り越えなければ自ら心理的健康を損なって不幸となることが示されている。また，ハンソンら（Hansson et al., 1986）の未亡人の高齢者に対する研究では，夫が亡くなった場合にどのようにして生きるかの計画や情報収集，心の準備が乏しいと孤独感は高まり，不適応に陥りやすいことが明らかにされている。

2 介護・ケアと人生満足度

高齢者への介護・ケアについて，在宅介護では，介護者は，配偶者，子ども，子どもの配偶者の順で介護をしている（井上，2011）。在宅では，妻や子どもの嫁が，ホームや施設では，女性の介護者が多く，いずれも男性の介護者が少ない特徴がある（井上，2011）。

また，高齢者の人生満足度（life satisfaction）（Diener et al., 1985），幸福感（happiness），well-beingに関する研究では，人生満足度は，女性のほうが男性よりも低く（Medly, 1980, Pinquart & Soerensen, 2000），女性の場合，在宅のほうが施設よりも人生満足度が高く（長尾，2007b），外向的なパーソナリティほどwell-beingが高いこと（Costa & McCrad, 1980），

既婚者のほうが独身者よりも幸福感があること（Argyle & Martin, 1991），経済力があるほど幸福感があること（Back & Avertt, 1985）が明らかにされており，レニングス（Lennings, 2000）によれば楽観主義（optimism）の者は，60歳代では人生満足度と正の相関が，逆に70歳代では負の相関があることが示されている。さらに長尾（2007b）の研究では，男性の場合，高齢者の人生満足度は幼児期の家族関係の凝集性（cohesiveness）の程度と，女性の場合，高齢者の人生満足度は自我の強さ（ego strength）の程度と正の相関があることを明らかにしている。

テーマ
青年期女子の対人関係の変化

目的

健常中学・高校・大学生女子を対象に対人関係の変化を明らかにする。

方法

高井（1999）の対人関係性尺度（28項目），「全くない」1点から「いつもある」5点の5件法を用いた。「閉鎖性・防衛性」「ありのままの自己」「他者依拠」「他者受容」「自己優先」の5つの下位尺度で構成され，得点が高いほど各傾向が強いととらえる。

調査対象と調査時期

健常中学生女子47名，高校生女子92名，大学生女子94名を対象とし，2013年6月に実施した。

結果と考察

各下位項目尺度ごとに中学，高校，大学の学年差の分散分析の結果を

表2-9 対人関係下位項目ごとの学年差の検定

下位項目尺度	学年差 F 値	
閉鎖性・防衛性	$F(2.230) = 4.40$ *	大学生＞中学生・高校生
ありのままの自己	$F(2.230) = 2.36$	
他者依拠	$F(2.230) = 9.08$ **	大学生＞高校生＞中学生
他者受容	$F(2.230) = 2.36$	
自己優先	$F(2.230) = 2.43$	
合計得点	$F(2.230) = 7.54$ **	大学生＞高校生＞中学生

*…$p < .05$, **…$p < .01$

表2-9に示した。表2-9より、大学生になると中学生時や高校生時に比べて閉鎖的、防衛的になる一方、他者依拠的になってくるというアンビバレントな対人関係になっていくことが示唆された。この結果から、自己内省的となり自己が形成されていくために対人関係はいわば打算的、功利的に変化していくことがとらえられた。

コラム 「女性の犯罪」⑥
女王蜂の毒針

1998年（平成10年）から1999年（平成11年）にかけて、福岡で保険金目的で2名の男性が静脈に空気を注射されて殺害された事件があった。首謀者の女性F（当時33歳）は、看護師という医療に携わる職業であった。

Fは、同僚の女性看護師3名を同じマンションに住まわせ、彼女らに指令して総額約2億円を保険金殺人によって得ている。

また、夫や子どもがいるにもかかわらず、同僚の看護師と同性愛関係を結び、3名の看護師には「～様」と呼ばせ、奴隷のようにこき使っていた。Fは、貧しい家庭に生まれ、父親から虐待を受けて育ったという。その反動からか思春期より、乱費と見栄を張ることを覚え、派手な生活になる。

看護師という仕事を利用した悪徳な連続殺人犯は、犯行当時はまさに「女王蜂気分」であったのであろう。

3章 女性の心の臨床

1節　女性の心の問題の特徴

　心理臨床分野に携わっていると，数のうえでのクライエントの性差は女性のほうが男性よりも多いこと。また，わが国の臨床心理士も女性のほうが男性よりも多いことがわかる。

　なぜ女性のほうが多いのであろうか。その理由として，本書の1章1節の3で述べたように，男性よりも女性のほうが人とのつながりを大切にすること，共感性が高いこと，人への支援を求めやすいことなどがあげられる。また，筆者の臨床経験上では治療の効奏率も女性のほうが男性よりも高いことがとらえられた。

　ウィニコット（Winnicott, 1958）は，男性は行動（doing）で心を示しやすく，女性は状態（being）で心を示しやすいという相違点をあげている。また，ヴォーゲル（Vogel, 1992）は，長年，日本の女性とかかわった経験から今日の日本の女性は，言語表現よりも身体症状で心を表しやすい点をあげている。

　そこで本章では，青年期特有の心の問題をもつ女子のケースを紹介し，その特徴や治療のあり方についてふれた。ケースについては，プライバシーを配慮して大きく加筆修正している。また，各ケースにともなって筆者なりのパイロットスタディも加えた。

2節　摂食障害

摂食障害（eating disorders）は，主に神経性食欲不振症（anorexia nervosa）と神経性過食症（bulimia nervosa）をふくむ食行動の異常である。

摂食障害は古くからあり，すでに17世紀のヨーロッパにおいて女子ケースの報告がされている。わが国では，1960年代からケースや治療の紹介がされてきた。下坂（1999）は，1980年代まで摂食障害の精神病理を「女性になることの成熟拒否」ととらえていたが，21世紀となり，「禁欲的で倫理的な追及を建前としていた，かつての摂食障害から，今日の多かれ少なかれ享楽的で達成感と美的追求とを表看板とする摂食障害へと変化してきた」と述べ，やせ礼賛文化を強調している。

摂食障害の特徴は，青年期女子に多く，ボディイメージ（body image）の障害，家族関係の問題が背景にあることがあげられ，心理的には自己の身体をコントロールすることで得られる達成感によって自己不全感を補償しようとしているととらえられる。病態水準としては，単にやせ願望をもつ者から，活動の過剰，リストカット，アルコール依存，下剤の乱用を示す境界性パーソナリティ障害（borderline personality disorder）までその幅は広い。生理はとまり，抑うつ，不安，強迫，失感情（alexithymia）などの併存症もみられる。

神経性食欲不振症の女子の有病率は，0.5～1.0%で15～19歳がピークである（Hoek et al., 2003）一方，神経性過食症の女子の有病率は，1.0～3.0%で19歳頃に発症しやすい（Hsu, 1996）。前者の症状から後者の症状へ移行するケース多いが，この逆のケースはほとんどない。

心理学領域においても青年期女子のやせ願望や食行動に関する研究は多い。たとえば，ハーター（Harter, 1998）は，女子は身体満足度と自尊感情との関係が強く，小学4年生から高校生にかけてこれらの関連は下がっ

ていくことをあげ，上長（2007）は，中学生女子は身体満足度が低い場合にやせの追求をしやすいこと，幸田ら（2009）は，女子大学生の場合，ストレスを感じると過食行動を示しやすいこと，高野ら（2009）は，食事場面の雰囲気が心理的健康度と関連していることを示している。また，馬場ら（2000）は，そう身願望尺度を作成し，その因子として「太っている」「自己顕示性」「自己不全感」の3つを抽出し，「自己不全感」によるそう身願望は心理的な不健康の程度と関係があることを明らかにしている。

昨今の青年は，親への反抗・対立する反抗期（negativistic phase）が明確には生じていない特徴があるという（深谷，2004）。

以下に母親の支配性と父親の無関心へ反抗する意味を象徴的に示した摂食障害のケースと，健常青年女子を対象とした摂食障害傾向と公的自己意識との関係を明らかにしたパイロットスタディを紹介する。

パイロットスタディ　　**ケースA**
高校2年生　女子

主訴　高校1年生時より拒食を示す。
パーソナリティ　まじめ，内向的，几帳面，頑固
家族構成　父親（会社員：おとなしい），母親（主婦：勝気，外向的），弟（中学2年生：外向的，温厚）。父親は家族に無関心，母親はAへ支配的。
交友関係　狭い，親しい同性の友人が1人いる。
生育歴　乳幼児期より小学校時まで「よい子」でおとなしい。夫婦の関係は疎遠で母親はAばかりに関心を向け，Aへ支配的にかかわる。中学校時の反抗期はない。高校へ入学し勉強に忙しくなると拒食を示し，食べるように勧める母親へ反抗して食べない。そのため治療者の勤務するクリニックへ無理やり来院させられる。

[治療過程]

Ⅰ期：ラポール形成期（# 1 〜 # 6）

当時のAは，身長159cm，体重35kgであった。Aは，当初，無言であったため，バウムテストや風景構成法を行い，それを介してラポール形成をねらう。その中で母親への不満（過干渉であること）をポツポツと述べる。

Ⅱ期：依存期（# 7 〜 # 15）

母親も来院させて，治療者が，Aの母親への不満（関与しすぎること，支配的なこと）をAの前で述べる。その後，Aは治療者へ人形をもってきて見せたり，父親への不満（家族へ無関心なこと）も述べる。

Ⅲ期：攻撃期（# 16 〜 # 19）

家庭では，母親へ行動や言葉で反抗し始める。この頃，体重は増えて50kg程度になるが，治療場面ではそのことにはふれず，学校のことや親子関係だけを聞いていく。

Ⅳ期：統合期（# 20 〜 # 28）

母親もAとの距離がとれ，Aはふくよかになり，クラスの中で友人が増えて安定していった。拒食はなく，体重も55kgとなる。父親は，少し家庭へ関心をもつようになったという。

[考察]

Aは，拒食のみを主訴とする摂食障害の中でも軽症ケースであったが，拒食と過食をくり返すケース，失感情のケース，あるいは万引きや自傷行為，過呼吸をともなうケースは難治であることが多い。摂食障害の治療では，一般に親との併行面接や家族療法（family therapy）を行うことが多い。とくに親子関係や家族関係の改善をねらうことが多い。Aの場合，支配的母親への反抗と放任で無関心な父親への注意の喚起を拒食という形で示していることがわかる。両親のうち母親面

接中心かそれとも父親も参加させた家族面接を行うかは症状の程度によって判断していく。青年への治療は，コラージュ，描画，箱庭など非言語的な治療手段から介入していき，次第に心の問題を言語化させていく。以前は，摂食障害といえば，性同一性形成の問題を強くもったケースが多かったが，最近ではAのような親への反抗を意味する摂食障害や30歳代の独身で主知主義，仕事中心，配慮的，孤独な女性の摂食障害が目立っている。

テーマ
女子はなぜやせたいのか

目的
健常中学生と高校生女子と大学生女子を対象に摂食障害傾向と公的自己意識との関係を明らかにする。

方法
公的自己意識の程度をみるために菅原（1984）の公的自己意識尺度（11項目），「非常に気にする」から「全く気にしない」までの5件法と，摂食障害傾向の程度をみるためにガードナーら（Gardner et al., 1983）の摂食障害傾向尺度（16項目），「全くない」から「いつも」までの5件法を用いた。摂食障害傾向尺度は，8つの下位項目尺度から構成されている。

調査対象と調査時期
調査対象と調査時期は研究⑫と同様。

表3−1　公的自己意識得点と摂食障害傾向得点との相関係数

摂食障害 下位尺度 \ 学年	中学生	高校生	大学生
やせたい願望	.08	.17	.30 **
感情困難	.36 **	.47 **	.38 **
過食	.20	.20 *	.41 **
身体の不満	.01	.08	.18
無能感	.23	.35 **	.28 **
成熟拒否	− .59 **	− .19 *	.12
完全主義	.57 **	.21 *	.18
素直さの欠如	.21	.25 *	.14

*…$p < .05$, **…$p < .01$

結果と考察

公的自己意識の学年差をみるために分散分析を行ったところ，学年差がみられ（$F(2.235)=3.42, p < .05$），中学生と高校生が大学生よりも公的自己意識が強いことがみられた。同様に摂食障害傾向の学年差をみるために分散分析を行ったところ，学年差はみられなかった（$F(2.235)=0.43, n.s.$）。

このことから，中学生や高校生の女子は，大学生女子よりも人の目を意識し，摂食障害傾向は学年にかかわりなく生じやすいことが示唆された。

次に公的自己意識と摂食障害傾向の関係をみるために双方の尺度得点間の相関係数を表3−1にまとめた。

表3−1から学年ごとに相関内容の違いがみられ，たとえば，中学生は女性になっていく身体変化が気になり，高校生は他者とのパーソナリティや能力の差が気になり，大学生はやせたい願望と他者から自分がどのようにみられるかの関係がより強くなることがとらえられ，や

せたい願望は，共通して人前で自分の感情をどのように表現するかと人の目が気になることが強く関連していることがわかる。

3節　うつ状態・うつ病

うつ状態（depressive state）とは，気分が晴れ晴れしない状態のことをいい，青年期は，成長による喪失体験をともなうことから，一時期にうつ状態がみられる。うつ状態とうつ病（depression）とは異なる。うつ病は，内因性，外因性，心因性，発達障害の合併症状の4つに分類できる。

思春期，青年期のうつ病は，身体症状やひきこもりとして現れやすく，1年以内に回復しやすいが，成人になって再発することもある。

思春期うつ病は，15歳時に発症しやすく，女子に多い（中西，1999）。心理学分野では，中学生を対象としたうつ状態の研究が多い。村田（1993）による中学生を対象としたうつ状態に関する結果では，性差はなく，わが国では，うつ病の有病率が5.9％という高い割合が示されている。この結果は，アメリカの結果と比較するとはるかに高い割合であり，村田（1994）は，わが国の中学生は自己評価が低く，グループの同調にこだわる時期であることからグループから逸脱するとうつ状態に陥りやすいのではないかという仮説を出している。また，中学生のうつ状態は，社会的技能（social skill）の乏しさ（Zumore et al., 1983）や将来の目的の不明確さ（Dweck et al., 1988）から生じるという結果も示されている。

しかし，わが国の昨今の臨床現場においては，20～30歳代にかけての青年期後期にうつ病やうつ状態を訴えるクライエントが多い。しかも従来からのメランコリー親和型（笠原ら，1975）よりも現代タイプのディスチミア親和型（樽味，2005）が目立っている。

表3-2 青年期うつ病の2つのタイプ（樽味，2005）

タイプ	メランコリー親和型	ディスチミア親和型
関連する気質・病態	・執着性格 ・メランコリー性格 ・笠原・木村分類のⅠ-Ⅰ型	・スチューデントアパシー ・退却神経症と無気力，抑うつ神経症，逃避型うつ病，未熟型うつ病
病前性格	・社会的役割・規範への従順 ・規範に対して好意的同一化 ・秩序を愛し，配慮的で几帳面 ・基本的に真面目，努力家，仕事（勉強）熱心	・自己自身（役割抜き）への愛着 ・規範に対して「ストレス」と感じる ・秩序への否定的感情と漠然とした万能感 ・過度の自負心，自己中心的，こだわり，未熟
症候学的特徴	・焦燥と抑うつ ・疲弊と罪悪感（申し訳なさの表明） ・深刻な自殺念慮	・不全感と倦怠 ・回避と他罰的感情（他者への非難） ・衝動的な自傷，軽やかな自殺企図
治療関係	・適切な距離感	・依存的，ときに回避的，両価的
薬物への反応	・多くは良好（病み終える）	・多くは部分的効果（病み終えない）
認知と行動特性	・疾病による行動変化が明らか	・どこまでが「生き方」でどこからが「症状経過」か不分明
予後と環境	・休養と睡眠で全般に軽快しやすい ・場・環境の変化に対する反応はさまざまな場合がある	・休養と服薬のみではしばしば慢性化する ・置かれた場・環境の変化で急速に改善することがある

　表3-2は，この2つの型を比較したものである。ディスチミア親和型は，自己の対する規範性が乏しく，罪悪感も薄く，他罰的でリストカットなどを示しやすい。また，過度の自負心や漠然とした万能感がみられる。これは，コフート（Kohut, 1971）のいう誇大自己に似ているが，確固とした自負心ではない。親子関係は，母子共生関係が強いことが多い。筆者は，自己中心的，自尊心の高い青年が，職場への帰属意識や社会規範の取り入れの乏しさという現実吟味能力の欠如に気づくことでうつ病やうつ状態になりやすいととらえている。

以下にディスチミア親和型うつ病ととらえられる青年期女子ケースと健常青年女子を対象とした，うつ傾向と集団への同調性の強さとの関係を明らかにしたパイロットスタディを紹介する。

> **パイロットスタディ**
>
> **ケースB**
> **23歳　女子**
>
> **主訴**　大学卒業後，公務員として勤務していたが，上司より注意を受け，うつ状態，不眠，食欲不振を示す。
> **パーソナリティ**　自尊心が高い，頑固，自己中心的。
> **家族構成**　父親（公務員：おとなしい），母親（主婦：おとなしい，神経質），Bはひとりっ子，父親も母親もBに対して過保護，過干渉的。
> **交友関係**　狭い，友人は数名いるが深い交流はない，大学時代からのボーイフレンドが1人いる。
> **生育歴**　乳幼児期より「よい子」で優等生タイプ。私立の中学・高校一貫学校を成績上位で卒業し，私立大学の経済学部へ入学する。在学中は真面目に公務員受験の勉強のみをする。公務員として市役所へ勤務するが，上司から仕事が遅いなどと注意を受け，うつ状態となり，休職をして，治療者の勤務するクリニックを受診する。
>
> **治療過程**
>
> Ⅰ期：静養期（#1〜#10）
> 当初は，うつ状態が強く，意欲減退，不眠，食欲不振があったことから医師による薬物療法が中心であった。治療者とは，1回30分程度の日頃の生活の話をし，日常生活で無理をしないように助言していく。
> Ⅱ期：悔しさと不満を述べる時期（#11〜#23）
> 次第に上司への不満，職場の人間関係の難しさ，仕事の難しさなどを

訴える。この頃，ボーイフレンドとのデートの際はうつ状態はないという。上司への攻撃的発言は面接を重ねるごとに高まっていく。また，親子関係（母親へ甘えていること）についても話す。

Ⅲ期：自分を試してみる時期（#24〜#36）

「60％うつ状態がとれた」というのでアルバイトを勧める。初めてコンビニのアルバイトを始めるが，そこでも店長から注意を受ける。1ヵ月で辞め，面接では，自分自身の能力のなさや人生の目的のなさについて嘆き始める。

Ⅳ期：集団心理療法に参加する時期（#37〜#48）

治療者はサポートを続け，Bが他者と自己との比較を述べることから青年期クライエント数名で構成されるうつ病クライエントの集団心理療法に参加させる。その過程で親へ甘えている自分やプライドの高い自分，主体性の乏しい自分に気づいていく。その後，復職をし，市役所で適応していく。

考察

Bは，表3-2に示すディスチミア親和型うつ病ととらえられる。その根拠として，(1)高い自尊心，(2)自罰よりも他罰的である，(3)場面によって使い分けるうつ状態，(4)薬物療法が効奏しない，(5)集団心理療法で急速に変化したなどがあげられる。ディスチミア親和型うつ病治療においては，親へ甘えてきた自分についての洞察，体験を通した自己の真の能力の吟味，主体的な人生目的の構築が必要であると思われる。

研究 14

テーマ 女子はグループからはぐれるとうつ状態になりやすいか

目的

健常中学・高校生女子を対象にグループでの同調性(conformity)の程度とうつ状態の程度との関係を明らかにする。

方法

上野ら(1994)の同調性尺度(4項目),「当てはまる」から「当てはまらない」までの3件法と,村田(1993)のうつ状態尺度(15項目),「はい」「いいえ」「わからない」の3件法を用いた。得点が高いほどその傾向が強いととらえる。

調査対象と調査時期

健常中学生女子100名と高校生女子94名を対象とし,2013年7月に実施した。

結果と考察

同調性の学年差(t =0.21, df=193, $n.s.$)もうつ状態の学年差(t=0.02, df=193, $n.s.$)も認められなかった。
次に学年別に同調性とうつ状態との関係を見るために双方の得点間の相関係数を算出したところ,中学生女子(r = − .66, p < .01)も高校生女子(r = − .61, p < .01)も有意な負の相関が認められた。
これらの結果から,同調性やうつ状態の強さは中学生と高校生で学年差はなく,同調性の強さとうつ状態の強さとは負の相関があり,グループの同調にはぐれると女子は,うつ状態が高まることが示唆された。

4節　解離

　成田（2007）は，現代青年の特徴として解離反応（dissociation）をその1つにあげている。解離反応とは，解決困難な葛藤にさらされた場合，それにまつわる観念や，感情を関与しない精神の部分から切り離して，過去の記憶，同一性と直接的感覚の統制に関する統合が全面的あるいは部分に失われることをいう（西園，2001）。

　解離の歴史は古く，ジャネ（Janet, 1889）が最初は崩壊（desegregation）と呼んだが，これを解離と変えて名づけた。フロイト（Freud, S.）は，転換ヒステリー（conversion hysteria）のクライエントの症状を，自我によるエス（es）への抑圧であると垂直的にとらえたが，解離は自我を水平的にとらえて，自我の分裂，断片化という見方をする。DSM-IV やICD-10では解離性障害（dissociative disorders）という診断をし，DSM-IVでは，解離性健忘，解離性とん走（フーグ），解離性同一性障害，離人症障害，特定不能の5つに分類している。

　斎藤（2007）は，解離症状を今日の情報が氾濫した社会の反映ととらえ，たとえば心理テスト，各種の性格診断，占いの一部，心理学ブームなどが影響しているとみている。わが国に解離症状を示す青年が多く現れ始めた時期と何でもできる自分がいることや，コフート（Kohut, H.）のいう万能的な誇大自己という語が普及し始めた時期と重なることから，解離症状は従来の青年期アイデンティティ論が崩壊し，青年の心の中に限りなく可能性をもった自己がいることや万能的な誇大な自己が定着してきたことと関係していると筆者はとらえている。これは，過去の不快な体験や事実，現実の受け入れにくい事実を否認（denial）して自己にとって肯定的側面だけを意識化する解離症状のもつ特徴と関係している。

　わが国の解離性同一性障害は女子に多く，両親が来院することが多い。

親から自立できず，ストレスに満ちた親子関係が特徴であり，必ずしもすべてのケースが過去の心的外傷（trauma）が原因としてあるわけではない（岡野，2007）。

以下に「よい子」と「わるい子」の2面性を解離して示した青年期女子のケースと，健常青年女子を対象とした解離傾向と親からの自立の葛藤との関係を明らかにしたパイロットスタディを紹介する。

| パイロット
スタディ | **ケースC**
高校3年生　女子 |

主訴　高校2年生時の失恋をきっかけに非行グループへ参加する自分と親の前で従来通りの「よい子」をふるまう自分との交代人格が出現する。

パーソナリティ　「真面目，従順，おとなしい」「だらしない，反抗的，目立ちたがり屋」の2面性をもつ。

家族構成　父親（精肉店：外向的，派手），母親（精肉店：勝気，おとなしい），妹（中学3年生：外向的，まじめ）。父親は支配的，母親はCを甘やかす。

交友関係　高校2年生までは狭く，友人は優等生ばかりであったが失恋をきっかけに万引きや喫煙をする女子非行グループ3名と交流をもち，教師へ反抗することもある。

生育歴　乳幼児期は，家が精肉店をしていることから主に祖父母によって育てられる。小学校時は，目立つ生徒でよくいじめられていた。中学校時は成績が良く，おとなしい優等生であった。高校1年生時よりボーイフレンドとつき合い，高校2年生時に失恋をし，そのショックから交代人格が出現し，教師には反抗を示し，親には「よい子」としてふるまう。

治療過程

Ⅰ期：混乱期（#1～#5）

最初は，担任教師とCの両親が治療者の勤務するクリニックへ来院し，上記の相談があった。Cは，一方の自分が登場するとき，他方の自分を忘却していることを教師や親へ訴えるという。治療者は，Cの混乱をさらに大きくしないために，教師と親は別々に強い刺激をCへ与えず，従来通りの対応を行うことを勧める。

Ⅱ期：静養期（#6～#18）

Cの交代人格が1ヵ月を過ぎても治まらないためにCの休学を勧める。Cは休学し，無理やりに治療者の勤めるクリニックへつれて来られる。当初は，箱庭のみを行っていたが，#10頃より「わるい子」のCが出現し，親への不満や教師への不満を述べ，非行グループとの交流の話をし出す。

Ⅲ期：交代人格に直面する時期（#19～#25）

治療者のほうから進路についてふれると「よい子」のCが出現し始め，と同時に失恋のショックの話や友人関係の問題について話し始める。#21に治療者のほうから交代人格についてふれると当初は反論していたが，2人の自分がいることを認め始める。その後，休学を終えて3年生として復学を始める。

Ⅳ期：統合期（#26～#35）

1年間留年となったが，復学をし新しいクラスや新しい担任とかかわり，Cは安定する。非行グループとの交流もなく，親へは命令されたことを「ノー」とも言える正直な子どもとなり，親のほうもCの本当の姿がわかり始める。

考察

自傷行為のない解離性を示すケースは，軽症であることが多い。梅

末・坂本（1997）も指摘しているように，わが国の解離を示す青年期ケースは親からの独立と依存の葛藤を背景にもつことが多い。治療者が，親との仲介役をとり，Cの周囲の者に対して交代人格について過剰に反応しないことや，Cに対して親との葛藤や失恋の失意を受容しながら交代人格についてふれ，それを統合させたことが効奏した原因と思われる。

テーマ
親からの自立の葛藤が解離を生じさせるか

目的
健常高校・大学生女子を対象に解離傾向と親からの精神的自立との関係を明らかにする。

方法
中村（2003）の解離傾向尺度（16項目），「非常に当てはまる」から「全く当てはまらない」までの5件法と，研究④で用いた福島（1992）の精神的自立尺度（8項目），「非常に当てはまる」から「全く当てはまらない」までの5件法の2つを用いた。得点が高いほどその傾向が強いととらえる。

調査対象と調査時期
健常高校生女子95名と大学生女子91名を対象とし，2013年5月に実施した。

結果と考察
解離傾向の学年差（$t=3.04$, $df=185$, $p<.01$），精神的自立の学年差

($t=5.75$, $df=185$, $p<.01$) が認められた。高校生のほうが大学生よりも解離傾向も精神的自立も強いことが示された。

次に学年別に解離傾向と精神的自立との関係をみるために双方の得点間の相関係数を算出したところ，高校生女子の場合，相関はなく（$r=-.13$, $n.s.$），大学生女子の場合，負の相関が認められた（$r=-.25$, $p<.05$）。

このことから，高校生女子の解離傾向は，精神的自立とは関連がなく，たとえば交友関係上のトラブルなどから解離傾向が生じやすく，大学生女子の解離傾向は，親から自立できない葛藤と関連していることが示唆された。

コラム「女性の犯罪」⑦
家の主は鬼畜

25年以上にわたり，6府県で複数世帯の家族が長期間虐待，監禁され，複数名が殺害された連続殺人事件がある。主犯の64歳の女性Gは，2012年（平成24年）に兵庫県警の留置所で自殺している。彼女の犯行は，多くの男性を使う，他人の家庭にあがりこみ，しばらく同居して現金を奪い，家族に対してSM的虐待を行う，近所に家族のみじめさをさらす，そして家族を殺害するという，実に残酷なものであった。

家族が被害の相談に警察へ行っても，Gは警察の弱点を知り尽くしているために，訴えはすべて見殺しになっている。現在でも何名殺害されたか捜査中である。

Gの母親は芸者で，父親から虐待を受けて育っている。家は貧しく，中学時代よりスナックでホステスをし，この世の大人の世界の汚れを知りつくし，巧みな悪行を学んでいったと思われる。

コラム⑥のFと異なる点は，男性を上手に使うことや，被害者の家に同居して被害者を徹底的に攻撃し，殺害していく点があげられる。悪に限界はなく，まさに「鬼畜」であった。

5節 リストカット

　ローゼンタールら（Rosenthal et al., 1972）は，リストカット症候群（wrist cutting syndrome）をあげ，青年期女子の傷つきやすさを説いた。昨今のわが国ではリストカットを示す女子のケースが目立っている。インターネットなどでは，「リスカ」という略語が普及している。実際に中学生女子の8.3％～9.0％（Izutsu et al., 2006），高校生女子の14.3％（山口ら，2005）がリストカットを中心とした自傷行為（self harm）を経験しているという。臨床的には，リストカットを示す青年の半数は，不登校生徒か不登校経験があり，(1) 摂食障害を示すいわゆる「よい子」，(2) 対人恐怖症（anthropophobia），(3) 境界性パーソナリティ障害と同じ精神病理をもつ解離性同一性障害の3つに大別できる。リストカットを示す背景の心理としては，失意と抑うつ，見捨てられ不安，自己顕示，自己存在の確認などによることが多い。大学生を対象とした調査研究では，自傷行為を示す者は対人的不信感が強いことが示されている（清瀧，2008）。また，リストカットは，嗜癖化しやすいという特徴がある。

　表3－3は，リストカットの嗜癖化過程を示したものである。「消えてしまいたい」「自傷して誰の助けがなくてもよい」といい，心の痛みや心の問題をリストカットによって霧散する。そのことが一時的な鎮痛効果を生む。ところが回数をくり返すうちにその効果もなくなり，周囲をふり回すリストカットに変わってくる。それが周囲をコントロールするためのものとなり，そのことに耽溺してくる。この段階で周囲も見放し，本人も無力化してくると自殺へつながることもある。

　リストカットを示すすべてのケースが自殺に至るわけではないが，とくに長期間のリストカット，薬物依存，過食などをともなうケースの場合にはその可能性が高いので注意する必要がある。

表3−3 リストカットの嗜癖化過程（松本，2007）

(1) 絶望，失意の体験
(2) 自分をコントロールするための自傷
(3) 自傷効果の減少
(4) 周囲をコントロールするための自傷
(5) 自分も周囲もコントロールできなくなって自殺企図

　以下にリストカットを頻繁にくり返した青年期女子のケースと，健常女子大学生を対象とした自傷傾向と欲求不満耐久度との関係を明らかにしたパイロットスタディを紹介する。

パイロットスタディ

ケースD
中学3年生　女子

主訴　中学2年生時，親の離婚をきっかけに毎晩，カッターでリストカットをする。また，衝動的に死にたい願望が生じ始める。
パーソナリティ　真面目，明るい，気分の変化大。
家族構成　父親（日本人の会社員：派手好き），母親（外国人：飲食業のパート，勝気，わがまま），弟（5歳，わがまま），父親はDを可愛がっていたが，離婚後，Dとは交流がない。母親は，Dへ弟の養育をさせ，子どもに無関心で外出をしての交遊が多い。
交友関係　狭い（ハーフであるためか友人が近づきにくいという）。
生育歴　乳幼児期より父親から可愛がられた。母親は，浮気をくり返していた。Dは，小学校時から友人が少なく，不登校を示す。ハーフということからいじめられていた。中学校へ入学し，バレー部で活躍していたが，2年生時に親が離婚し，父親と別れる。その時よりリストカットと希死念慮が生じる。

[治療過程]

Ⅰ期　ラポール形成期（＃1〜＃4)
養護教師から治療者の勤めるクリニックへつれて来られたDは，いきなり毎日の料理，洗濯，掃除，弟の育児の大変さを母親のように話す。と同時に自分がハーフであることの悩みや友人が少ないことについて話し始める。

Ⅱ期　リストカットに注目する時期（＃5〜＃10)
＃5で治療者が，Dの腕の傷について尋ねると毎晩リストカットをしていると涙ながらに訴える。今の生活では希望がなく，死にたいともいう。治療者は，リストカットは癖になることを話し，リストカットをしたい時に日記をつけたり，好きな作詞をすることを勧めるとDのリストカット回数は次第に減っていく。

Ⅲ期　母親面接期（＃11〜＃14)
母親の子どもをかえりみない問題について，養護教師を通して母親の来院を勧め，母親は4回来院する。その過程でDとの交流を深めることを母親へ依頼し，弟の育児を母親にしてもらうことを促す。その際の母親とDとは，合同面接形態をとった。

Ⅳ期　希望が生まれる時期（＃15〜＃21)
母親がDとかかわり始め，Dのリストカットは消失し，Dは高校進学への希望をもち，将来は英語教師になりたいという。面接の後半は，治療者と英語での面接を行う。

[考察]

リストカットを示す青年女子への治療のポイントは，(1) 希死念慮の強さに応じた治療者の積極的態度（死にたい願望が強いクライエントには，治療者の介入や意見を強くいう），(2) リストカットの嗜癖化防止のために気晴らし行為の勧め（料理，運動，音楽鑑賞など），(3)

対人不信感が強いためにラポール形成に十分な治療期間が必要であることの3点があげられる。

テーマ
リストカットは癖になるのか

目的

健常大学生女子に対し，調査によって自傷行為傾向と欲求不満耐久性との関係を明らかにする。

方法

長尾（2007）の自我強度尺度の下位尺度「欲求不満耐久性」（9項目），「はい」から「いいえ」までの3件法とブルーバら（Vrouva et al., 2001）の自傷行為尺度（12項目），「全く当てはまる」から「全く当てはまらない」までの4件法を用いた。両尺度とも得点が高いほどその傾向が強いととらえる。

調査対象と調査時期

健常大学生女子100名を対象とし，2012年7月に実施した。

結果と考察

「欲求不満耐久性」得点と「自傷行為」得点との相関係数は，$r=-.20$（$p<.05$）であった。このことからがまん強さがない女子大学生は，自傷行為傾向があることが明らかにされた。

リストカットは，自傷行為の1つでもあり，何らかの欲求の不充足によってそれに耐え切れず，失意，抑うつ，見捨てられ不安，自己存在の希薄さが生じてリストカットに走っていることがとらえられた。

6節　過呼吸

　正式には過換気症候群（hyperventilation syndrome）といい，ICD-10では身体表現性自律神経機能不全の中にふくまれている。青年期女子に多く，16～25歳に発症しやすく、発症しやすい状況やパーソナリティ特性，体質がある（安藤，1969）。発作的に呼吸回数が増大し，それにともなって動悸，四肢のしびれ感や硬直，意識消失などの全身症状を呈する症候群である。状況は，入浴時，運動時，不安増大時に生じやすく，集団ヒステリーとしても生じる。その歴史は古く，過換気症候群という名称は1871年の文献にみられる（吉松，1979）。

　コスタ（Costa, 1922）は，ヒステリー性格の者（勝気，自己中心，自己顕示性が強い）が不安が生じた際に生じるといい，カー（Kerr et al., 1937）は，情緒的ストレスから生じるという。わが国では，1928年に初めてケースが紹介されている（中尾・森井，1968）。無力性，自己不確実性をもつパーソナリティの者に多く，ひきこもり，抑うつという特徴を示す青年たちとは逆のパーソナリティであることが多い。

　以下に過呼吸を示す青年期女子ケースと，健常青年女子を対象とした自己顕示性と過呼吸傾向との関係を明らかにしたパイロットスタディを紹介する。

パイロットスタディ

ケース E
中学2年生　女子

主訴　中学1年生の2学期に転校し，友人とトラブルが生じ，過呼吸が発症する。以後，親との口論中にも過呼吸が生じる。

パーソナリティ　目立ちたがり屋，自己中心的，非協調的，多弁。

|家族構成| 父親（公務員：外向的），母親（主婦：Eと似たパーソナリティ），妹（小学4年生，おとなしい）。両親は，長女のEへ過剰に期待をして育てる。

|交友関係| 好き嫌いがはっきりしている，心理的距離がとれない，自己主張が強い。

|生育歴| 乳幼児期より過保護に育てられる。虚弱体質でよく病院へ通っていた。小学校時より父親の都合で転校が多く，転校後はすぐに順応していた。中学1年生時に転校後，グループの中で自己主張が強く，仲間外れにされて過呼吸が生じる。

|治療過程|

Ⅰ期　不満を表現する時期（#1～#6）
治療者の勤務するクリニックへ母親とともに来院する。中学2年生ということから1対1のカウンセリングは無理だろうと思っていたが，Eは，意外にも一方的に最初から学校での友人への不満（自分を疎外したこと）や母親が過干渉である不満を表現する。治療は，対面法で言語中心のカウンセリングをしていく。

Ⅱ期　自己をみつめる時期（#7～#15）
学校での担任や友人の不満，親への不満を十分，表現した後，時折，沈黙がみられたが，自分自身について話し始め，「でしゃばりである」「人に合わせきれない」「親にホンネを話すと見捨てられる不安がある」などの友人関係での協調性のなさや親へ正直な態度がとれないことを内省していく。

Ⅲ期　治療者と別れの時期（#16～#21）
治療者に初めて自分のホンネを話せたことを感謝する表現をする。その後，治療者へ個人的な関心を向けてきたが，過呼吸もなく，学校へ適応し始め，母親の干渉も減ったことから治療を終結する。

> 考察
>
> 過呼吸については，リストカットなどの自傷行為や性非行などの他の問題行動がない場合には，Eのように家庭では「よい子」としてふるまいホンネが話せないため過呼吸によって反抗する自己を表現したり，学校では他生徒や教師への注目をひくために過呼吸発作を示すケースが多い。その治療においては，不満や自己顕示欲のほどよい表現と対人関係での協調性の育成にポイントがある。

研究 17

テーマ

目立ちたい女子は過呼吸を示すか

目的

健常中学・高校・大学生女子を対象に過呼吸傾向と自己顕示性との関係を明らかにする。

方法

過去に過呼吸経験が「あった」か，「なかった」か，また，「わからない」かを問う質問紙と柳井ら（1987）の自己顕示性尺度（9項目），「はい」「いいえ」「わからない」の3件法の2つを実施した。得点が高いほど自己顕示性が強いととらえる。

調査対象と調査時期

健常中学生女子55名，高校生女子54名，大学生女子97名を対象とし，2013年5月に実施した。

結果と考察

学年別に過呼吸経験が「あった」「なかった」「不明」の3群別に自己

表3－4 学年別の過呼吸経験有・無・不明群の
自己顕示性得点の平均値

過呼吸経験＼学年	中学生	高校生	大学生
有	18.44（3.91）	17.07（2.34）	18.35（5.09）
無	15.85（3.55）	17.09（3.41）	16.45（4.67）
不明	15.92（3.62）	16.20（2.05）	16.75（6.13）

注：（　）内は標準偏差値を示す

顕示性得点の平均値を表3－4にまとめた。

表3－4をもとに学年別に過呼吸経験有群と無群の2群間の自己顕示性得点の平均値の差の検定を行ったところ，中学生の場合（$t=1.90$, $df=41$, $p<.05$）と大学生の場合（$t=1.58$, $df=92$, $p<.05$）で過呼吸の経験の有群のほうが無群よりも自己顕示性が強いことが示されたが，高校生の場合には有意な差は認められなかった（$t=0.02$, $df=48$, $n.s.$）。

高校生の場合，過呼吸と自己顕示性に関連がないことは，調査を実施した高校が進学校であり，過呼吸発作が生じても他の生徒や教師が常時注目していく時間が乏しい点が原因であることもとらえられる。

7節　性非行

非行（delinquency）とは，未成年の違法ないし，それに類する行為のことで，少年法に非行のある少年として規定されている条項に該当するものをいう。非行は，法的用語であり，心理学では，主に反社会的行動（antisocial behavior）といい，精神医学では，行為障害（conduct disorder）と診断することもある。

非行は，その時代の社会病理（social pathology）を現しているともいわれ，一般には親への愛情の飢餓が原因であることが多いといわれてきた（Healy, 1915）。

非行は，1990年代以来，減少しているが（瀬川, 2001），低年齢化と女子の非行が目立ち，非行発生は，15～17歳時に多い。また，リスク行動として，飲酒，喫煙，家出，深夜徘徊があげられ，非行頻度はとくに2002～2011年の間で減少している（警察庁, 2011）。女子非行としては，1990年代前半からのいわゆる「援助交際」があげられる。

青年期女子に注目される非行は，性非行である。ホーナイ（Horney, 1967）は，思春期女子にとって性の芽生えは，(1) 性について忌み嫌う知的タイプ，(2) 性行動や性への関心に没頭する，(3) 無気力になる，(4) 同性愛になる4つのタイプがあるという。五十嵐・庄司（2005）の健常女子高校生に対する調査では，不安が高い者が性行動に走りやすいことや，桜庭ら（2001）の「援助交際」を行う女子高校生の調査では，親から誉められたい願望を秘めている者が「援助交際」に走りやすいことが明らかにされている。

筆者の臨床経験から性非行に走る青年期女子の特徴として，父子関係が希薄であり，父親の存在がイメージとして強くはない点がみられた。と同時に，女性同一性の真の確立がなされておらず，身体上での女性性を誇示する一方，精神面の女性性の不全がとらえられた。

長尾（1987）による成人女性の覚醒剤依存症や成人女性のアルコール依存症の性同一性に関する調査結果では，意識水準と無意識水準との男性性と女性性の程度のズレがあることが示されている。

このようなことから，性非行を示す青年期女子の治療に際しては，父子関係の改善や治療関係を通して女性同一性の確立が必要であるように思われる。

以下に性非行の青年女子ケースを紹介する。

| パイロット スタディ | **ケースF**
高校1年生　女子 |

主訴　高校1年生時より，学校では校則違反（ピアス，ミニスカート），家庭では親と口をきかず，外で男性との不純異性交遊に耽る。夏休みには，他県へ男性とともに一週間の家出をする。

家族構成　父親（会社員：おとなしい），母親（パート：おとなしい），他県で働く兄と大学2年生の兄がいる，父親は存在感がなく，おとなしく，Fとのかかわりがない。母親もおとなしく無口でFへは問題行動の注意をしない

交友関係　10～30歳代までの男性とのつき合いが多い，すぐに性的行為へ走る，高校での友人は少ない。

生育歴　両親とも30歳代後半の時にFは出生し，乳幼児期は甘やかされる。小学校時は，リーダー的で男子に人気がある。中学校時は，成績は良く，親へ反抗もせず，ボーイフレンド1人とつき合う。希望の受験校へ入学したが，成績が低下し，校則違反や家出，不純異性交遊を始める。

治療過程

Ⅰ期　母親面接期（＃1～＃5）
高校の紹介でFの母親が治療者の勤務するクリニックへ来院する。Fの母親は，控えめで地味な人であり，女の子を育てる自信がないという。Fの無断外泊，虚言，派手な服装，浪費が目立ち，治療者は，その1つ1つの対策を母親と話し合ってFと母親との交流を深めさせる。

Ⅱ期　父親の登場（＃6～＃10）
母親の何回かの説得によって父親は来院抵抗を示しながらも初めて来

院する。頼りない，おとなしい，人の良い男性という印象の父親へF とのかかわりをもつことを勧め，Fは，親へ何が言いたいのかを考えさせていく。父親は，息子たちとは異なった，Fへのペット的でけじめのないかかわりを反省し始め，家庭でのルールをFに伝える。

Ⅲ期　Fとの面接（#11〜#16）

#11に両親から無理やりにつれて来られたFと初めて面接をする。Fは，学校をやめたいこと，美容師の仕事をしたいことを訴える。治療者へは良い子ぶって親への不満はいわず，学校の不満ばかり述べる。占いに関心があるというので治療者が心理テストをしてフィードバックすると喜ぶ。Fが，学校をやめたいことや就職したいことを自ら親へ説得できるかどうかを試していく。

Ⅳ期　新しい旅立ち（#17〜#20）

両親は，Fの退学願望や就職したいことを納得し，結局，Fは退学し，他県へ就職することとなる。治療者とは，今のボーイフレンド1人を大切にすることを約束して，Fは旅立っていった。

考察

非行ケースは，自己内省を回避し，虚言と行動化（acting-out）によって自己を表現することからその心理療法は困難であることが多い。性非行を示す女子への治療のポイントは，父親と良き関係を形成できるか，あるいは人格的に良い恋人に出会えるかがあげられる。Fのように父親との関係を深めようとねらっても，すでに恋人がいれば恋人との関係から親からの自立が展開されることもある。Fの治療は，親との基本的信頼感（basic trust）が確立したとはいえないが，親へFの非行の意味についてを考えさせたことは確かである。

8節　ケースからわかる青年期女子の心

　以上のケースやパイロットスタディの結果から，どのような現代の青年期女子の心理や病理の特性がわかるのであろうか。

　さまざまの症状や問題行動が併発したり，混合しているケースの場合は，重篤なケースであり，乳幼児期からの親子関係の問題や複雑なパーソナリティ特性の問題が考えられる。

　筆者は，既述したケースやパイロットスタディから，現代の青年期女子には，(1) ケースAのように身体症状を示しての親への「反抗」を示すタイプ，(2) ケースBのようなうつ状態や，ケースCのように解離を示して不快な状況や都合の悪い状況において，自己を状況から無意識的に回避する「御都合主義」，(3) ケースDのようなリストカットやケースEのような過呼吸，また，ケースFのように性非行という表現形態で「認められ，注目されたい欲求」を満たしていく3つのタイプがあるととらえている。

　(1) の「反抗」については，今日の青年期女子は，親へ「反抗」して自立していくという青年期の公式は容易には成立せず，また，親のほうも子どもへの分離不安が強く，子どものほうも以前のように親へ直接的に「反抗」してまでもの自立の欲求が強いわけではないことがとらえられる。青年期女子にとっては，家庭で家族とともに食事を摂る状況が，どのような家族関係かを象徴的に現すものである。したがって，現代ではケースAのように摂食障害という形で親への「反抗」を示すケースもあるととらえられる。

　また，(2) の「御都合主義」とは，フロイト（Freud, 1911）のいう快感原則（pleasure principle）に則り，不快なことは避け，自分にとって都合の良い状況だけを重視するタイプのことをいう。ケースBのように

状況を使い分けたうつ状態や，都合の悪い場面を忘却するケースCのような青年期女子は，この「御都合主義」が心にあるとはいえないだろうか。

また，(3) の「認められ，注目されたい欲求」については，昨今のマスコミや雑誌などの影響，あるいは青年期の言語表現能力の乏しさなどが影響し合って，言語表現以外の問題行動や身体症状のような未熟な表現によって親や教師，友人へ自己をアピールしている青年期女子が増えている点がうかがえる。

これらの治療に際しては，「反抗」「御都合主義」「認められ，注目されたい欲求」をそれぞれ受容・共感してクライエントを安定させるか，あるいはこれらの各問題についてクライエント自身へ直面化（confrontation）させるかの2つがあるが，今日の青年期女子の場合は，未熟であり，自我が弱いことから，前者の対応をとり，その後，後者の直面化をいかに進めていくかが大きな課題である。

おわりに

　執筆を終えるにあたって，とくに筆者によるパイロットスタディの結果から現代の青年期女子は，30年前の女子に比べて，親からの自立や女性同一性の確立などに関して未熟な点があることがわかった。もちろん，パイロットスタディの研究方法にも問題があり，調査対象数の少なさや測定方法の簡略化などの問題もある。今後は，これらの結果を参考にして大がかりな調査や精緻な方法による研究が期待される。また，男性に対する研究結果との比較をさらに行わないと，真の女性の心性がとらえられないともいえる。

　いずれにせよ女性は，男性よりも「つながりを求める」特性があり，この点を活かしてわが国における政治，経済，企業，教育界へのさらなる女性の台頭が期待される。将来，女性の総理大臣が選ばれたり，女性の社長，教授，校長，弁護士，医師などが増えていくことを期待している。女性の社会での台頭が進めば人間関係はさらに円滑になっていくと思われる。

　本書が，わが国における女子教育に，また，女性の社会での台頭に少しでもお役に立てたら幸いである。

　本校の刊行にあたり，福村出版の保科慎太郎氏には御尽力いただいた。また，活水女子大学文学部人間関係学科の4年生方々（当時）にご協力いただいた。心より深謝いたします。

参考文献

1章

新井康允　1997　男脳と女脳　河出書房新社
新井康允　1999　脳の性差　共立出版
東清和・小倉千加子　1982　性差の発達心理　大日本図書
Badinter, E.　1980　*The myth of motherhood.* Flammarion. 鈴木晶訳　1998　母性という神話　筑摩書房
Baron-Cohen, S.　2003　*The essential difference.* Penguin.
Benbow, C.P. & Stanley, J.　1980　Sex differences in mathematical ability. Science, 210, 1262-1264.
Caplan, P.J.　1979　Beyond the box score. In B. Maher. (Eds.) Progress in experimental personality research, 9, 100-108.
Caplan, P.J.　2000　*Don't blame mother.* Routledge.
Caplan, P.J. & Caplan, J.B.　1994　*Thinking critically about research on sex and gender.* Pearson Education. 森永康子訳　2010　認知や行動に性差はあるのか　北大路書房
Carlson, R. & Levy, N.　1968　A brief method for assessmenting social-personal orientation. Psychological Reports, 23, 911-914.
Connellan, J. et al.　2001　Sex differences in human neonatal social perception. Infant Behavior and Development, 23, 113-118.
de Lacoste-Utamsing, M. C. & Holloway, R. L.　1982　Sexual dimorphism in the corpus callosum. Science, 216, 1431-1432.
Dicknson,K.J.　2007　*The relationship between relational forms of aggression and conformity to gender roles in adults.* Indiana University Press.
Donnelly, D. & Fraser, J.　1998　Gender differences in sado-masochistic arousal among college students. Sex Roles, 39, 391-407.
Freud,S.　1905　*Drei Abhandlungen zur Sexualtheorie.* Fischer Verlag. 懸田克躬訳　1953　性に関する三つの論文　フロイド選集5　日本教文社
Freud, S.　1925　*Einige psychische Folgen des anatomischen Geschlect schiedes.* Fischer Verlag. 懸田克躬訳　1953　解剖学的な性の差別の心的帰結の二，三について　フロイド選集5　日本教文社

Friedan, B. 1963 *The feminine mystique*. Dell. 三浦冨美子訳　2004　新しい女性の創造　大和書房

Galassi, J. P. et al. 1974 The college self expression scale. Behavior Therapy, 5, 165-171.

Goldberg, S. & Lewis, M. 1969 Play behavior in the year-old infant. Child Development, 40, 21-31.

Hellige, J. P. 1990 Hemispheric asymmetry. Annual Review of Psychology, 41, 55-80.

Hoffman, M. L. 1975 Developmental synthesis of affect and cognition and its implications for altruistic motivation. Developmental Psychology, 11, 607-622.

Horney, K. 1939 *New ways in psychoanalysis*. W.W.Norton. 井村恒郎ら訳　1973　精神分析の新しい道　誠信書房

Hyde, J. S. 2005 The gender similarities hypothesis. American Psychologist, 60, 581-592.

石川隆行ら　2002　青年期の罪悪感と共感性および役割取得能力の関連　発達心理学研究, 13, 12-19.

伊藤裕子　1980　女子青年における女性性の受容と性役割　日本教育心理学会第22回発表論文集, 508-509.

Jung, C.G. *Symbols of the mother and of rebirth*. The analytical psychology club of New York 訳（1956）ユング全集第5巻　Pantheon Books.

Jung, C.G. *Anima and Animus*. The analytical psychology club of New York 訳（1959）ユング全集第9巻　Pantheon Books.

木村, D. 1999 *Sex and cognition*. MIT Press. 野島久雄ら訳　2001　女の能力，男の能力　新曜社

木村, D. 2002 Sex differences in the brain. In Scientific American special edition. The hidden mind, 32-37.

Kinsbourne, M. & Caplan, P.J. 1979 *Children's learning and attention problems*. Little Brown.

Kohlberg, L. 1964 Development of moral character and moral ideology. In Hoffman, M.L. & Hoffman, L.W.（Eds.）*Review of child development research*. Russell Sage Foundation.

小出寧　1993　ジェンダーの形成に関与する要因の研究　早稲田大学大学院文学研究科修士論文

小出寧　1998　男と女の心理テスト　ナカニシヤ出版

Lawson, J. et al. 2004 Empathizing and systemizing in adults with and without Asperger syndrome. Journal of Autism and Developmental Disorder, 34, 301-310.

Maccoby, E.E. & Jacklin, C.N. 1974 *The psychology of sex differences*. Stanford University Press. 青木やよひら訳 1979 性差 家政教育社

Medly, M.L. 1980 Life satisfaction across stages of adult life. International Journal of Aging and Human Development, 11, 193-209.

Money, J. & Hampson, J.G. 1970 A study on the basic conception. In Howells, J.G. *Theory and practice of family psychiatry*. Oliver & Boyd.

Pinquart, M. & Soerensen, S. 2000 Influence of socioeconomic states, social network and competence on subjective well-being in later life. Psychology & Aging, 15, 187-224.

李敏子 1990 死，言葉，身体のイメージ 心理学研究, 61, 79-86.

Rogers, C.R. 1980 *A way of being*. Hougton Mifflin.

Simmel, G. 1911 *Philosophische Kultur*. Gesammelte essays von Georg Simmel.

Sterling, F.A. 1992 *Myths of gender*. Basic Books. 池上千寿子ら訳 1990 ジェンダーの神話 工作舎

Wallen, K. 2005 Hormonal influences on sexually differentiated behavior in nonhuman primates. Frontiers in Neuroendocrinology, 26, 7-26.

Widom, C.S.（Eds.）1984 *Sex roles and psychopathology*. Plenum.

Wine, J.D. et al. 1980 Female superiority in sex difference competence comparisons. In Stark-Adamec, C.（Eds.）*Sex roles*. Eden Press.

2章

安達智子 2008 女子学生のキャリア意識 心理学研究, 79, 27-34.

明田芳久ら 1990 28の道徳指導内容に関する小学校児童の発達的変化 教育心理学研究, 38, 46-55.

天日由美子 1997 成人期から老年期に渡る信頼感の発達 教育心理学研究, 45, 79-86.

安藤明人ら 1999 日本版Buss-Perry 攻撃性質問紙の作成と妥当性，信頼性の検討 心理学研究, 70, 384-392.

青木紀久代 1991 女子中学生における性同一性の形成 心理学研究, 62, 102-105.

青木まりら 1986 母性意識からみた母親の特徴 心理学研究, 57, 207-213.

荒牧美佐子・無藤隆 2008 育児への負担感・不安感・肯定感とその関連要因の違い 発達心理学研究, 19, 87-97.

Archer, J. & Coyne, S.M. 2005 An integrated review of indirect, relational, and social aggression. Personality and Social Psychology Review, 9, 212-230.

Argyle, M. & Martin, M. 1991 The psychological causes of happiness, In Strack, F. et al.（Eds.）*Subjective well-being*. Pergamon Press.

Back, K.W. & Avertt, C.P. 1985 Stability and change in the life graph types. In Palmore, E. et al.（Eds.）*Normalaging Ⅲ*. Durham Duke University Press.

Badinter, E. 1980 *The myth of motherhood*. Flammarion. 鈴木晶訳　1998　母性という神話　筑摩書房

Bellak, L. 1970 *The porcupine dilemma*. Citadal Press. 小此木啓吾訳　1974　山アラシのジレンマ　ダイヤモンド社

Bem, S.L. 1974 The measurement of psychological androgyny. Journal of Consulting and Clinical Psychology, 42, 155-162.

Bem, S.L. 1977 On the utility of alternative procedures for assessing psychological androgyny. Journal of Consulting and Clinical Psychology, 45, 196-205.

Benedict, R.F. 1946 *Chrsanthenum and the sword*. Houghton Mifflin. 長谷川松治訳　1967　菊と刀　社会思想社

Bernick, N. 1965 *The development of children's sexual attitudes as determined by the pupie dilation response*. University of Chicago.

Bernstein, A. & Cowan, P. 1975 Children's concepts of how people get babies. Child Development, 46, 77-91.

Bochner, P. & Halpern, F. 1945 *The clinical application of Rorschach test*. Grune & Stratton.

Bolognini, M. et al. 1989 From the child to the young adult. Social Psychiatric Epidemiology, 24, 179-186.

Bowlby, J.M. 1951 *Maternal care and mental health*. W.H.O. 黒田実朗訳　1962　乳幼児期の精神衛生　岩崎学術出版

Chodorow, N. 1978 *The reproduction of mothering*. University of California Press. 大塚光子・大内菅子訳　1981　母親業の再生産　新曜社

Costa, P.T. & McCrae, R.R. 1980 Influence of extraversion and neuroticism on subjective well-being. Journal of Personality and Social Psychology, 38, 668-678.

Deutsch, H. 1944 *Psychology of women 1*. Grune & Stratton.

Dickinson, K.J. 2007 *The relationship between relational forms of aggression and conformity to gender roles in adults*. Indiana University.

Diener, E. et al. 1985 The satisfaction with life scale. Journal of Personality Assessment, 49, 71-75.

土居健郎　1971　甘えの構造　弘文堂

江上園子　2005　幼児を持つ母親の「母性愛」信奉傾向と養育状況における感情制御不全　発達心理学研究, 16, 122-133.
遠藤久美・橋本宰　1998　性役割同一性が青年期の自己実現に及ぼす影響について　教育心理学研究, 46, 86-94.
Erikson, E.H. 1950 *Childhood and society*. W.W. Norton. 仁科弥生訳　1977・1980　幼児期と社会Ⅰ・Ⅱ　みすず書房
Ford, C.S. & Beach, F.A. 1951 *Patterns of sexual behavior*. Harper.
Freud, S.　1905　*Drei Abhandungen zur Sexualtheorie*. Fischer Verlag. 懸田克躬訳　1953　フロイド選集5　日本教文社
Freud, S.　1927　Some psychological consequences of the anatomical distinction between the sexes. International Journal of Psychoanalysis, 8, 133-142.
Friedman, S.M.　1952　An empirical study of the castration and Oedipus complex. Genetic Psychology of Monographs, 46, 61-130.
藤井恭子　2001　青年期の友人関係における山アラシ・ジレンマの分析　教育心理学研究, 49, 146-155.
藤原あやのら　2010　青年期後期から成人期前期における女性の心理的発達　カウンセリング研究, 43, 33-42.
深瀬裕子・岡本祐子　2010　老年期における心理社会的課題の特質　発達心理学研究, 21, 266-277.
深津千賀子　1992　子育てに困難をきたしている母親の精神療法　季刊精神療法, 18, 493-500.
深谷昌志監修　2004　中学生にとっての家族モノグラフ77　ベネッセ未来教育センター
福島朋子　1992　思春期から青年期にわたる心理的自立　発達研究, 8, 67-87.
Goldberg, S. & Lewis, M.　1969　Play behavior in the year old infant. Child Development, 40, 21-31.
Hakim, C.　2000　*Work-lifestyle choices in the 21st century*. Oxford University Press.
Hansson, R.O. et al.　1986　Loneliness and adjustment to old age. International Journal of Aging and Human Development, 24, 41-53.
原田正文　2006　子育ての変貌と次世代育成支援　名古屋大学出版会
橋本和明　2012　包括的虐待という視点からみた虐待の深刻化する要因分析　心理臨床学研究, 30, 17-28.
日比野桂ら　2005　中学生における怒り表出行動とその抑制要因　心理学研究, 76, 417-425.

日高康晴　2000　ゲイ・バイセクシャル男性の異性愛的役割葛藤と精神的健康に関する研究　思春期学, 18, 264-272.

日潟淳子・岡本祐子　2008　中年期の時間的展望と精神的健康との関連　発達心理学研究, 19, 144-156.

平山順子・柏木惠子　2001　中年期夫婦のコミュニケーション態度　発達心理学研究, 12, 216-227.

平山順子・柏木惠子　2004　中年期夫婦のコミュニケーションパターン　発達心理学研究, 15, 89-100.

Hollingworth, L.S.　1928　*The psychology of the adolescent.* Appleton.

Hopkins, L.B.　1980　Inner space and outer space identity in contemporary females. Psychiatry, 43, 1-12.

堀内和美　1993　中年期女性が報告する自我同一性の変化　教育心理学研究, 41, 11-21.

Horney, K.　1939　*New ways in psychoanalysis.* W.W. Norton. 井村恒郎ら訳　1973　精神分析の新しい道　誠信書房

Hurlock, E.B.　1949　*Adolescent development.* McGraw-Hill.

池田由子　1979　児童虐待の病理と臨床　金剛出版

井上芳世子・湯沢正道　2002　夫・子どもとの関係，対人関係が母親としての成長に及ぼす影響　心理学研究, 73, 431-436.

井上輝子・江原由美子編　1999　女性のデータブック第3版　有斐閣

井上輝子　2011　新・女性学への招待　有斐閣

石川隆行ら　2002　青年期の罪悪感と共感性および役割取得能力の関連　発達心理学研究, 13, 12-19.

伊藤裕子　1978　性役割評価に関する研究　教育心理学研究, 26, 1-11.

伊藤裕子　2001　青年期女子の性同一性の発達　教育心理学研究, 49, 458-468.

伊藤裕子・秋津慶子　1983　青年期における性役割観および性役割期待の認知　教育心理学研究, 31, 146-151.

伊藤裕子ら　1999　既婚者の疎外感に及ぼす夫婦関係と社会的活動の影響　教育心理学研究, 70, 17-23.

Jacques, E.　1965　Death and the midlife crisis. International Journal of Psychoanalysis, 46, 502-512.

Josselson, R.L.　1973　Psychodynamic aspects of identity formation in college women. Journal of Youth and Adolescence, 2, 3-52.

Jung, C.G.　1913　*Symbols of the mother and of rebirth.* The analytical psychology club of New York 訳（1956）ユング全集第5巻　Pantheon Books.

Jung, C.G. 1917 *The stages of life.* The analytical psychology club of New York 訳（1960）ユング全集第8巻 Pantheon Books.

Kagan, J. 1964 Acquisition and significance of sex typing and sex role identity. Reviews of Child Developmental Research, 1, 137-167.

Kahn, R.L. et al. 1964 *Organizational stress.* Wiley.

梶谷奈生 2008 女性同性愛者のセクシュアリティ受容に関する考察 心理臨床学研究, 26, 625-629.

上長然 2007a 思春期の身体発育のタイミングと抑うつ傾向 教育心理学研究, 55, 370-381.

上長然 2007b 思春期の身体発育と摂食障害傾向 発達心理学研究, 18, 206-215.

神田道子 2000 女子学生の職業意識 勁草書房

金政祐司ら 2004 Love styles and romantic love experiences in Japan. Social Behavior & Personality, 32, 265-281.

柏木惠子・平山順子 2003 結婚の"現実"と夫婦関係満足度との関連性 心理学研究, 74, 122-130.

加藤容子・金井篤子 2006 共働き家庭における仕事家庭両立葛藤への対処行動の効果 心理学研究, 76, 511-518.

河合千恵子・佐々木正宏 2004 配偶者の死への適応とサクセスエイジング 心理学研究, 75, 49-58.

経済企画庁 1997 平成9年度国民生活選考度調査

Kempe, C.H. 1962 The battered child syndrome. Journal of American Medical Association, 181, 17.

Kempe, R.S. & Kempe, C.H. 1978 *Child abuse.* Harvard University.

小林佐知子 2009 乳児をもつ母親の抑うつ傾向と夫からのサポートおよびストレスへのコントロール可能性との関連 発達心理学研究, 20, 189-197.

小堀彩子 2010 子どもを持つ共働き夫婦におけるワーク・ファミリー・コンフリクト調整過程 心理学研究, 81, 193-200.

Kohlberg, L. 1966 A cognitive developmental analysis of children's sex role concepts and attitudes. In Maccoby, E.（Eds.）*The development of sex differences.* Stanford University Press.

小出寧 1998 男と女の心理テスト ナカニシヤ出版

小泉智恵 2003 働く母親における仕事から家庭へのネガティブ・スピルオーバーが抑うつ傾向に及ぼす影響 発達心理学研究, 14, 272-283.

小坂千秋・柏木惠子 2007 育児期女性の就労継続・退職を規定する要因 発達心理学

研究, 18, 45-54.
厚生労働省　雇用均等・児童家庭局編　2001　平成12年版女性労働白書
厚生労働省　2006　平成17年度　児童相談所における児童虐待相談件数
厚生労働省　国立社会保障・人口問題研究所編　2010a　簡易生命表
厚生労働省　2010b　人口動態統計　平均初婚年齢表
厚生労働省　2010c　人口動態統計　離婚件数および離婚率の推移
古澤平作　1954　罪悪意識の2種　精神分析研究, 1, 5-9.
Lazarus, R.S. & Folkman, S.　1984　*Stress, appraisal, and coping*. Springer.
Lee, J.A.　1977　A typology of styles of loving. Personality & Social Psychology Bulletin, 3, 173-182.
Lennings, C.J.　2000　Optimism, satisfaction and time perspective in the elderly. International Journal of Aging and Human Development, 51, 167-181.
Maccoby, E.E. & Jackilin, C.N.　1974　*The psychology of sex differences*. Stanford University Press. 青木やよひら訳　1979　性差　家政教育社
Marcus, D.E. & Overton, W.F.　1973　The development of cognitive gender constancy and sex role preference. Child Development, 49, 434-444.
Maria, A.R. et al.　1999　Changes in and factors related to loneliness in older men. Age and Aging, 28, 491-495.
松田郁子ら　2010　大学生の就職活動不安が就職活動に及ぼす影響　心理学研究, 80, 512-519.
Medly, M.L.　1980　Life satisfaction across four stages of adult life. International Journal of Aging and Human Development, 11, 193-209.
Mischel, W.　1966　A social-learning view of sex differences in behavior. In Maccoby, E.（Eds.）*The development of sex differences*. Stanford University Press.
三枚奈穂　1998　成人女性における自我同一性感覚について　教育心理学研究, 46, 229-239.
宮本純子　2007　乳幼児をもつ母親の育児不安についての研究　心理臨床学研究, 25, 346-355.
宮沢秀次　1988　女子中学生の自己受容性に関する縦断的研究　教育心理学研究, 36, 258-263.
水本深善・山根律子　2010　青年期から成人期への移行期の女性における母親との距離の意味　発達心理学研究, 21, 254-265.
Money, J. & Ehrhardt, A.　1972　*Man and woman*. John Hopkins University Press.
森永康子　1990　女性のキャリア決定過程に関する研究　安田女子大学紀要, 18, 69-77.

向井隆代　1996　思春期女子の身体像不満足感，食行動および抑うつ気分　カウンセリング研究，29, 37-43.

村本邦子　2004　性被害の実態調査から見た臨床的コミュニティ介入への提言　心理臨床学研究，22, 47-58.

長尾博　1990　アルコール依存症者と健常者との中年期の危機状態の比較　精神医学，32, 1325-1331.

長尾博　2005　青年期の自我発達上の危機状態に関する研究　ナカニシヤ出版

長尾博　2007a　自我強度尺度作成の試み　心理臨床学研究，25, 96-101.

長尾博　2007b　老年期の人生満足度に及ぼす自我強度と定位家族の影響　活水論文集，50, 1-12.

長尾博・光富隆　2012　パースペクティブ青年心理学　金子書房

内閣府大臣官房室　2009　男女共同参画社会に関する世論調査

中谷奈美子ら　2007　母親の防衛スタイルと虐待行為の関係　心理臨床学研究，24, 675-686.

中山まき子　1992　妊娠体験者における子どもを持つことへの意識　発達心理学研究，3, 51-64.

成田健一ら　1990　羞恥感情を引き起こす状況の構造　関西学院大学文学部紀要，40, 73-92.

西井克泰　1986　自我同一性の様相　心理臨床学研究，3, 48-57.

落合恵美子　2004　21世紀家族へ　第3版　有斐閣

小田切紀子　2004　離婚した母親の家庭状況の類型から見た心理的適応　心理臨床学研究，21, 621-629.

大日向雅美　2001　母性研究の課題　教育心理学年報，40, 146-156.

岡本祐子・松下美知子編　2002　新女性のためのライフサイクル心理学　福村出版

小此木啓吾　1978　モラトリアム人間の時代　中央公論社

大野久　1999　人を恋するということ　佐藤有耕編　高校生の心理①　大日本図書

小澤永治　2007　思春期における領域別自尊感情と怒り情動反応の関連　心理臨床学研究，25, 593-599.

Pinquart, M. & Soerensen, S.　2000　Influence of socioeconomic states, social network and competence on subjective well-being in later life. Psychology & Aging, 15, 187-224.

Rabbon, M.　1950　Sex-role identification in young children in two diverse social groups. General Psychological Monographs, 42, 81-158.

Richarde, A. & Gardner, M.D.　1971　A proposed scale for the determination of ma-

ternal feeling. Psychiatry Quarterly, 45, 23-34.
Rubin, L.B. 1983 *Intimate strangers*. Harper & Row. 賀谷恵美子ら訳 1992 夫婦, この親密なる他人 垣内出版
斉藤誠一 1985 思春期の身体発育と性役割意識の形成について 教育心理学, 33, 336-344.
斉藤誠一 1995 自分の身体・性とのつきあい 落合良行ら編 講座生涯発達心理学, 4 金子書房
桜井美加 2003 思春期版怒り反応尺度の作成 心理臨床学研究, 21, 255-265.
作田啓一 1967 恥の文化再考 筑摩書房
佐々木掌子 2007 性同一性障害当事者におけるジェンダー・アイデンティティと典型的性役割との関連 心理臨床学研究, 25, 240-245.
佐藤達哉ら 1994 育児に関連するストレスとその抑うつ重症度との関連 心理学研究, 64, 409-416.
Sheehy, G. 1977 *Passages*. Bantom Books. 深沢道子訳 1978 パッセージ プレジデント社
柴田利男・野辺地正之 1991 青年期の身体に対する男らしさ・女らしさの認知 教育心理学研究, 39, 40-46.
清水弘司 1979 大学生の性の発達と依存対象について 心理学研究, 50, 265-272.
清水紀子 2004 中年期の女性における子の巣立ちとアイデンティティ 発達心理学研究, 15, 52-64.
清水紀子 2008 中年期のアイデンティティ発達研究 発達心理学研究, 19, 305-315.
白井利明 1991 青年期から中年期における時間的展望と時間的信念の関連 心理学研究, 62, 260-263.
総務庁青少年対策本部 1995 子どもと家族に関する国際比較調査報告書
Steinberg, L. et al. 1986 The vicissitudes of autonomy in early adolescence. Child Development, 57, 841-851.
菅原健介 1984 自意識尺度日本語版作成の試み 心理学研究, 55, 184-188.
住田正樹・中田周作 1999 父親の育児態度と母親の育児不安 九州大学大学院教育学研究紀要, 2, 19-98.
高井範子 1999 対人関係性の視点による生き方態度の発達的研究 教育心理学研究, 47, 317-327.
竹澤みどり・小玉正博 2004 青年期後期における依存性の適応的観点からの検討 教育心理学研究, 52, 310-319.
谷冬彦 2000 青年期における「甘え」の構造 相模女子大学紀要, 63A, 1-8.

Thompson, S.K. & Bentler, P.M. 1973 A developmental study of gender constancy and parent preference. Archieves of Sex Behavior, 2, 379-385.
戸田和子・堅田弥生 1987 性役割受容の意識構造とその習得過程に関わる父母・他人の効果 心理学研究, 58, 309-317.
坪井さとみら 2004 地域在住の中高年者の抑うつに関する要因 心理学研究, 75, 101-108.
浦上昌則 1996 女子短大生の職業選択過程についての研究 教育心理学研究, 44, 195-203.
Vogel, S.H. 2012 西島実里訳 変わりゆく日本の家族 ミネルヴァ書房
若本純子 2010 中年期の老いの自覚と対処における「関心」のむけ方による相違 教育心理学研究, 58, 151-162.
若本純子・無藤隆 2006 中高年期における主観的老いの経験 発達心理学研究, 17, 84-93.
渡邊ひとみ・内山伊知郎 2011 独身勤労女性のライフコース選択と生活領域からみたアイデンティティとの関連 発達心理学研究, 22, 189-199.
Weinberg, G. 1972 *Society and the healthy homosexual.* Alyson.
White, J. & Kowalski, R.M. 1994 Deconstructing the myth of the nonaggressive woman. Psychology of Women Quarterly, 18, 487-508.
Whitfield, M. 1989 Development of sexuality in female children and adolescents. Canadian Journal of Psychology, 34, 879-883.
Whiting, J.W.M. 1965 *Figure preference test.* Harvard University.
Wine, J.D. et al. 1980 Female superiority in sex difference competence comparisons. In Adamec, C.S. (Eds.) *Sex roles.* Eden Press.
Winnicott, D.W. 1958 *Through pediatrics to psychoanalysis.* Tavistock. 北山修監訳 1989・1990 ウィニコット臨床論文集 I・II 岩崎学術出版
山口素子 1985 男性性・女性性の2側面についての検討 心理学研究, 56, 215-221.
山本里花 1989 自己の二面性に関する研究 教育心理学研究, 37, 302-311.

3章

安藤一也 1969 過呼吸症候群 内科, 24, 433-443.
馬場安希ら 2000 女子青年における痩身願望についての研究 教育心理学研究, 48, 267-274.
Costa, N. 1922 Zur Lehre von Asthma bronchiale. Deutsch Medizin, 48, 1373-1381.

Dweck, C.S. et al. 1988 A social cognitive approach to motivation and personality. Psychological Review, 95, 256-273.

深谷昌志監修 2004 中学生にとっての家族 モノグラフ77 ベネッセ未来教育センター

福島朋子 1992 思春期から青年期に渡る心理的自立 発達研究, 8, 67-87.

Freud, S. 1911 *Formulie rungen über die zwei Prinzipen des Psychischen Geschehens.* Fischer Verlag. 井村恒郎訳 1970 フロイト著作集6 人文書院

Gardner, P.M. et al. 1983 Development and validation of a multidimensional eating disorder inventory for anorexia nervosa and bulimia. International Journal of Eating Disorders, 2, 15-34.

Harter, S. 1998 The development of self-representations. Eisenberg, N.（Eds.）*Handbook of child psychology.* John-Wiley & Sons.

Healy, W.H. 1915 *The individual delinquent.* Little Brown.

Hoek, H.W. et al. 2003 Review of the prevalence and incidence of eating disorders. International Journal of Eating Disorders, 34, 383-396.

Horney, K. 1967 *Feminine psychology.* W.W. Norton. 泉ひさ訳 1971 女性の深層心理 黎明書房

Hsu, L.K. 1996 Epidemiology of the eating disorders. Psychiatric Clinical North America, 19, 681-700.

五十嵐哲也・庄司一子 2005 高校時の性交経験と友人関係 カウンセリング研究, 38, 61-71.

Izutsu, T. et al. 2006 Deliberate self-harm and childhood histories of ADHD in junior high school students. European Child and Adolescent Psychiatry, 14, 1-15.

Janet, P. 1889 *L'automatisme psychologieque.* Alcan.

上長然 2007 思春期の身体発育と抑うつ傾向との関連 教育心理学研究, 55, 21-33.

笠原嘉ら 1975 うつ病の臨床的分類に関する研究 精神神経学雑誌, 77, 715-735.

警察庁 2011 平成23年度少年非行などの概要

Kerr, W.J. et al. 1937 Some physiological phenomena associated with the anxiety states and their relation to hyper-ventilation. Annual International Medicine, 11, 961-983.

清瀧裕子 2008 青年期における攻撃行動および自傷行為について 心理臨床学研究, 26, 615-624.

幸田紗弥華ら 2009 女子大生のダイエット行動とストレスがBinge Eatingに及ぼす影響 心理学研究, 80, 83-89.

Kohut, H. 1971 *The analysis of the self.* International Universities Press. 水野義信・笠原嘉監訳 1994 自己の分析 みすず書房
松本俊彦 2007 自傷行為の理解と対応 鍋田恭考編 思春期臨床の考え方・すすめ方 金剛出版
村田豊久 1993 小児期のうつ病 臨床精神医学, 26, 1169-1176.
村田豊久 1994 下田の性格状況論にもとづいての思春期の抑うつ状態の考察 思春期青年期精神医学, 4, 142-151.
長尾博 1987 女性アルコール依存者と女性覚醒剤依存者の性同一性様態に関する調査研究 臨床精神医学, 16, 1693-1701.
長尾博 2007 自我強度尺度作成の試み 心理臨床学研究, 25, 96-101.
中村俊哉 2003 解離と分割についての覚書 福岡教育大学紀要, 5, 52, 213-226.
中西俊夫 1999 思春期・青年期のうつ病 最新精神医学, 4, 31-36.
中尾喜久・森井治世 1968 Hyperventilation Syndrome の臨床 最新医学, 23, 78-83.
成田善弘 2007 精神療法の第一歩 金剛出版
西園昌久 2001 解離ヒステリー 加藤正明ら編 精神医学事典 弘文堂
岡野憲一郎 2007 現代日本の解離性同一性障害 田中究編 こころの科学136 日本評論社
Rosenthal, R.J. et al. 1972 Wrist-cutting syndrome. American Journal of Psychiatry, 128, 1363-1368.
斎藤環 2007 解離とはなにか 田中究編 こころの科学136 日本評論社
桜庭隆浩ら 2001 女子高校生の「援助交際」の背景要因 教育心理学研究, 49, 167-174.
瀬川晃 2001 少年犯罪の第4の波と改正少年法 犯罪と非行, 127, 5-32.
下坂幸三 1999 拒食と過食の心理 岩波書店
菅原健介 1984 自意識尺度日本語版作成の試み 心理学研究, 55, 184-188.
高野裕治ら 2009 大学生の食生活スタイル 心理学研究, 80, 321-329.
樽味伸 2005 現代社会が生む"ディスチミア親和型" 臨床精神医学, 34, 687-694.
上野行良ら 1994 青年期の交友関係における同調と心理的距離 教育心理学研究, 42, 21-28.
梅末政裕・坂本仁美 1997 解離性同一性障害は究極の解離障害か 精神科治療学, 12, 1177-1187.
Vogel, S.H. 1992 アメリカ人治療者から見た日本の女性 季刊精神療法, 18, 508-515.
Vrouva, I. et al. 2001 The risk-taking and self-harm inventory for adolescents. Psychological Assessment, 22, 852-856.

Winnicott, D.W. 1958 *Through paediatrics to psychoanalysis.* Tavistock Publication. 北山修監訳 1989・1990 ウィニコット臨床論文集Ⅰ・Ⅱ 岩崎学術出版
山口亜希子ら 2005 女子高校生における自傷行為 精神医学, 47, 515-522.
柳井晴夫ら 1987 プロマックス回転法による新性格検査の作成について 心理学研究 ,58, 158-165.
吉松和哉 1979 過呼吸症状群 懸田克躬ら編 現代精神医学大系7A 心身疾患Ⅰ 中山書店
Zumore, R. et al. 1983 Interpersonal problem, solving skills and depression process. Journal of Personality & Social Psychology Bulletin, 9, 231-235.

人名索引

あ行

青木 紀久代　22
青木 まり　29
明田 芳久　48
東 清和　14
安達 智子　52,53
天貝 由美子　65
新井 康允　8,9
荒牧 美佐子　54
安藤 明人　48
安藤 一也　89
五十嵐 哲也　93
池田 由子　55
石川 隆行　14
伊藤 裕子　14,25,26,53
井上 芳世子　53
井上 輝子　53,66
上野 行良　79
梅末 政裕　82
浦上 昌則　52
江上 園子　29,30
遠藤 久美　23
大野 久　51
大日向 雅美　29
岡野 憲一郎　81
岡本 祐子　53,63,65
小倉 千加子　14
小此木 啓吾　46
小澤 永治　48
小田切 紀子　53
落合 恵美子　58

か行

笠原 嘉　75,76
梶谷 奈生　28
柏木 惠子　59,63,64
加藤 容子　58
金政 祐司　51
上長 然　22,71
河合 千恵子　66
神田 道子　52
木村, D.　9,10,76
清瀧 裕子　85
小泉 智恵　58
小出 寧　14,28,51
幸田 紗弥華　71
小坂 千秋　59
古澤 平作　33
小林 佐知子　54
小堀 彩子　58

さ行

斉藤 誠一　22
斎藤 環　80
作田 啓一　42
桜井 美加　48
桜庭 隆浩　93
佐々木 掌子　28
佐藤 達哉　54
柴田 利男　22
清水 紀子　63,
清水 弘司　22,51
下坂 幸三　70
白井 利明　38

菅原 健介　42,73
住田 正樹　54,56
瀬川 晃　93
　　　　た行
高井 範子　67
高野 裕治　71
竹澤 みどり　39,40
谷 冬彦　40
樽味 伸　75,76
坪井 さとみ　65
土居 健郎　39,41
戸田 和子　51
　　　　な行
中尾 喜久　89
長尾 博　23,35,44,63,66,67,88,93
中西 俊夫　75
中村 俊哉　83
中谷 奈美子　54
中山 まき子　54
成田 健一　43
成田 善弘　80
西井 克泰　39,40
西園 昌久　80
　　　　は行
橋本 和明　55
馬場 安希　71
原田 正文　54
日潟 淳子　63,65
日比野 桂　48
日高 康晴　28
平山 順子　63,64
深瀬 裕子　65
深津 千賀子　54
深谷 昌志　44,71

福島 朋子　35,36,37,83
藤井 恭子　46
藤原 あやの　35
堀内 和美　63
　　　　ま行
松田 郁子　52
松本 俊彦　86
三枚 奈穂　58
水本 深善　35
宮沢 秀次　22
宮本 純子　54
向井 隆代　22
村田 豊久　75,79
村本 邦子　55
森永 康子　52
　　　　や行
山口 亜希子　85
山口 素子　25
山本 里花　38
吉松 和哉　89
　　　　ら行
李 敏子　14
　　　　わ行
若本 純子　65
渡邊 ひとみ　59
　　　　A
Archer, J.　50
Argyle, M.　67
　　　　B
Back, K.W.　67
Badinter, E.　10,29
Baron-Cohen, S.　12
Bellak, L.　46
Bem, S.L.　23,24

Benbow, C.P.　14
Benedict, R.F.　42,43
Bernick, N.　21
Bernstein, A.　21
Bochner, P.　56
Bolognini, M.　21
Bowlby, J.　29

C
Caplan, P.J.　13,14,15
Carlson, R.　12
Chodorow, N.　29
Connellan, J.　8
Costa, N.　89
Costa, P.T.　66

D
de Lacoste-Utamsing　9
Deutsch, H.　21
Dickinson, K.J.　14,50
Donnelly, D.　14
Dweck, C.S.　75

E
Erikson, E.H.　38,64

F
Ford, C.S.　21
Freud, S.　11,12,16,17,21,23,59,80,96
Friedan, B.　10
Friedman, S.M.　18

G
Galassi, J.P.　14
Gardner, P.M.　73
Goldberg, S.　14,39
Gouge, O,de,M.　10

H
Hakim, C.　61
Hansson, R.O.　66
Harter, S.　70
Healy, W.H.　93
Hellige, J.P.　9
Hoek, H.W.　70
Hoffman, M.L.　14
Hollingworth, L.S.　35
Hopkins, L.B.　38
Horney, K.　11,12,93
Hsu, L.K.　70
Hurlock, E.B.　21
Hyde, J.S.　13,14

I
Irigaray, L.　11
Izutsu, T.　85

J
Jacklin, C.N.　14,16
Jacques, E.　62
Janet, P.　80
Josselson, R.L.　38
Jung, C.G.　12,15,17,62,64

K
Kagan, J.　21
Kahn, R.L.　58
Kempe, C.H.　55
Kempe, R.S.　55
Kerr, W.J.　89
Kinsbourne, M.　14
Kohlberg, L.　14,21,23,48
Kohut, H.　76,80
Kristeva, J.　11

L
Lawson, J.　10
Lazarus, R.S.　54

Lee, J.A. 51
Lennings, C.J. 67
M
Maccoby, E.E. 14,16
Marcus, D.E. 21
Maria, A.R. 66
Medly, M.L. 14,66
Mill, S.M. 10
Millet, K. 11
Mischel, W. 23
Money, J. 10,16,27
P
Pinquart, M. 14,66
R
Rabbon, M 16
Richarde, A. 30
Rogers, C.R. 12
Rosenthal, R.J. 85
Rubin, L.B. 38
S
Schopenhauer, A 46

Sheehy, G. 62
Simmel, G. 10
Steinberg, L. 35,36
Sterling, F.A. 14
T
Thompson, S.K. 16
V
Vogel, S.H. 69
Vrouva, I. 88
W
Wallen, K. 8,9
Weinberg, G. 28
White, J. 48
Whitfield, M. 16
Whiting, J.W.M. 25,26
Widom, C.S. 14
Wine, J.D. 14,39
Winnicott, D.W. 29,69
Z
Zumore, R. 75

事項索引

あ行

アイデンティティ 13,22,38,39,44,80
アヴェロンの野生児 10
阿闍世（アジャセ） 33
アニマ 12
アニムス 12
甘え 39,40,41
怒り 47,48,49,50
育児 9,11,29,30,31,52,54,87
育児不安 54,55,56,57

依存性 12,14,39,40,41,51,55
well-being 35,66
うつ状態・うつ病 75
英知 11,64
エディプスコンプレックス
　　　　11,17,18,19,20
エレクトラコンプレックス 17,18,19,20
エロスタイプ 51
援助交際 93
老いの自覚 65

索引

親からの自立　22,35,37,39,81,83,95,98
女らしさ　9,10,11,23,24,28,33,50,51
か行
快感原則　96
介護　11,65,66
解離　80,81,82,83,84,85,96
学童期　17,21
過呼吸　72,89,90,91,92,96
関係性攻撃　14,50
虐待　54,55
キャリア意識　52,53
境界性パーソナリティ障害　70,85
共感性　14,69
結婚　52,53,59,63
攻撃性　14,47,48,49,50
公的自己意識　42,71,73,74
幸福感　35,66,67
御都合主義　96
孤独　47,65,66,73
子どもの巣立ち　62,63
さ行
3C　53
ジェンダー　11
自我の強さ　44,45,67
時間展望　38,63,65
自己顕示性　12,71,89,91,92
自己効力感　52,53
自己実現　23
自己受容　22
自己優先　11,67,68
思春期　12,15,21,22,44,75,93
自傷行為　72,82,85,88,91
児童虐待　55
しなやかな自分　63

社会的学習理論　23
就職活動不安　52
羞恥心　42,43
女性性　12,23,25,26,93
女性同一性　22,23,25,26,27,28,33,34,93,98
女性の生き方　59
自律　35,65,89
人生満足度　14,64,65,66,67
身体の満足度　22
親密性　38
信頼性　60
心理的健康　21,35,65,66,71
心理的離乳　35
心理的両性具有　23
ストルゲ　51
性行動　50,51,93
成人期　38,52
精神分析　3,11,12,16,33,55,59
性的拮抗期　21
性的恒常性　21
性同一性障害　9,23,27,28,80,85
性非行　91,92,93,95,96
性役割　9,11,14,23,25,26,29,58
セクシャリティ　11
摂食障害　22,70,71,72,73,74,85,96
専業主婦　15,29,54,58,59,61,62,63
前思春期　21
染色体　8,16
全体性　64
潜伏期　21
た行
退行　21,24
第二次性徴　12,22
他者依拠　12,67,68

117

WFC　58
男性ホルモン　8,9
中年期　38,59,61,62,63,64
中年期の危機　62,63
注目されたい欲求　96,97
直面化　97
ディスチミア親和型（うつ病）
　　75,76,77,78
適応度　23
転換ヒステリー　80
統合性　64
同性愛　28,93
同調性　77,79
道徳性　14,47,48
　　　な行
乳児期　16
乳幼児　55,56,71,77,81,86,90,94,96
認知発達理論　23
　　　は行
配偶者の死　66
恥　41,42,43
発達的同一視理論　23
半陰陽　10,27
反抗期（第二次反抗期）　20,29,44,45,71
非行　81,82,92,93,95
ヒステリー性格　89
否認　65,80
夫婦のコミュニケーション　63
フェミニズム　10,11,12,13
不信感　65,66,85,88
ペニス羨望　12,17,59
包括的虐待　55
母性　10,15,22,28,29,30,32,33,34
母性信仰　29

母性神話　15,29
母性本能　15
ボディイメージ　70
　　　ま行
マニア　51
メランコリー親和型（うつ病）　75,76
　　　や行
山あらしジレンマ　46,47
幼児期　16,23,56,67
欲求不満耐久性　88
　　　ら行
楽観主義　67
離婚　53,58,86
リストカット　70,76,85,86,87,88,91,96
臨界期　8
恋愛　12,23,50,51
老年期　16,64,65

著者紹介

長尾 博（ながお　ひろし）

1976年　九州大学教育学部卒業
1978年　九州大学大学院教育学研究科修士課程修了
1981年　九州大学大学院教育学研究科博士課程単位満了中退
九州大学教育学部助手を経て，現在，活水女子大学文学部教授・医学博士

主な著書

『図表で学ぶアルコール依存症』星和書店，2005年
『青年期の自我発達上の危機状態に関する研究』ナカニシヤ出版，2005年
『やさしく学ぶカウンセリング26のレッスン』金子書房，2008年
『心理・精神療法ワークブック』誠信書房，2010年
『図表で学ぶ心理テスト』ナカニシヤ出版，2012年
『パースペクティブ青年心理学』（共著）金子書房，2012年
『ヴィジュアル精神分析ガイダンス』創元社，2013年
『やさしく学ぶ認知行動療法』ナカニシヤ出版，2014年
『変化の心理療法』ナカニシヤ出版，2016年 など

女ごころの発達臨床心理学
―オトコは知らない，オンナは気づかない　人間関係のホンネを探る女性学―

2016年5月20日　初版第1刷発行

著　者　長　尾　　　博
発行者　石　井　昭　男
発行所　福村出版株式会社
〒113-0034　東京都文京区湯島 2-14-11
電　話　03-5812-9702
ＦＡＸ　03-5812-9705
http://www.fukumura.co.jp
印刷・株式会社スキルプリネット　製本・協栄製本株式会社

© Hiroshi Nagao　2016
Printed in Japan
ISBN978-4-571-24059-1　C3011
乱丁・落丁本はお取替えいたします。
定価はカバーに表示してあります。

現代社会と応用心理学〈全7巻〉

日本応用心理学会 企画／藤田主一・浮谷秀一 編 現代社会と応用心理学 1 ### クローズアップ「学校」 ◎2,400円　　ISBN978-4-571-25501-4　C3311		目まぐるしく変化する現代社会に対応を迫られる学校。現場で何が起きているのか「こころ」の問題を探る。
日本応用心理学会 企画／大坊郁夫・谷口泰富 編 現代社会と応用心理学 2 ### クローズアップ「恋愛」 ◎2,400円　　ISBN978-4-571-25502-1　C3311		若者の恋愛，同性愛，おとなの恋愛，結婚，離婚，浮気，夫婦関係，家族……現代社会の恋愛にフォーカス！
日本応用心理学会 企画／玉井 寛・内藤哲雄 編 現代社会と応用心理学 3 ### クローズアップ「健康」 ◎2,400円　　ISBN978-4-571-25503-8　C3311		現代日本社会における健康に関わるトピックを，現実的で多面的な視点から捉え，応用心理学的な解説を試みる。
日本応用心理学会 企画／森下高治・蓮花一己・向井希宏 編 現代社会と応用心理学 4 ### クローズアップ「メンタルヘルス・安全」 ◎2,400円　　ISBN978-4-571-25504-5　C3311		現代社会における職場や日常生活でのメンタルヘルス，ヒューマンエラー，リスクマネジメントを考える。
日本応用心理学会 企画／浮谷秀一・大坊郁夫 編 現代社会と応用心理学 5 ### クローズアップ「メディア」 ◎2,400円　　ISBN978-4-571-25505-2　C3311		日々目まぐるしく変化を遂げるメディア。21世紀の現代社会と人間関係を象徴するトピックが満載。
日本応用心理学会 企画／内藤哲雄・玉井 寛 編 現代社会と応用心理学 6 ### クローズアップ「高齢社会」 ◎2,400円　　ISBN978-4-571-25506-9　C3311		現代日本社会の象徴といえる高齢社会の現実的様相を多面的な視点から捉え，応用心理学的な解説を展開する。
日本応用心理学会 企画／谷口泰富・藤田主一・桐生正幸 編 現代社会と応用心理学 7 ### クローズアップ「犯罪」 ◎2,400円　　ISBN978-4-571-25507-6　C3311		犯罪心理はもとより，現代の犯罪の特徴から犯罪をとりまく事象を25のトピックで解説。現代社会の本質に迫る。

◎価格は本体価格です。